# Petite initiation
# à l'Art

*Dialogues pédagogiques*

Michel Théron

# Petite initiation à l'Art

*Dialogues pédagogiques*

# Avant-propos

Les textes qui suivent constituent une réflexion, sous forme dialoguée qui la rend plus vivante, sur les principes fondamentaux de l'Art. Chaque dialogue s'inspire d'une version toujours différente d'une même photographie représentant une folle avoine. À la fin de chaque dialogue, un encart à visée pédagogique permet de faire le point sur ce qui a été dit, et de le résumer pour permettre de mieux en mémoriser la substance.

J'ai constamment mêlé dans ce livre l'étude de l'expression plastique et celle de l'expression verbale, pour bien faire voir qu'il y a, malgré les différences, une unité fondamentale du monde de l'expression. À son exploration j'ai déjà consacré beaucoup d'ouvrages.

Pour approfondir les références que fait le livre à la rhétorique verbale, on pourra aussi se reporter à mon ouvrage paru chez BoD en 2017 : *La Stylistique expliquée – La Littérature et ses enjeux.*

Mais le savoir n'est rien sans la saveur. Puisse ce livre, où j'ai créé et fait dialoguer différents personnages, qui sont en fait des lobes de mon cerveau, ajouter le plaisir à l'utilité !

**M.T.**
**Septembre 2021**

# Sommaire

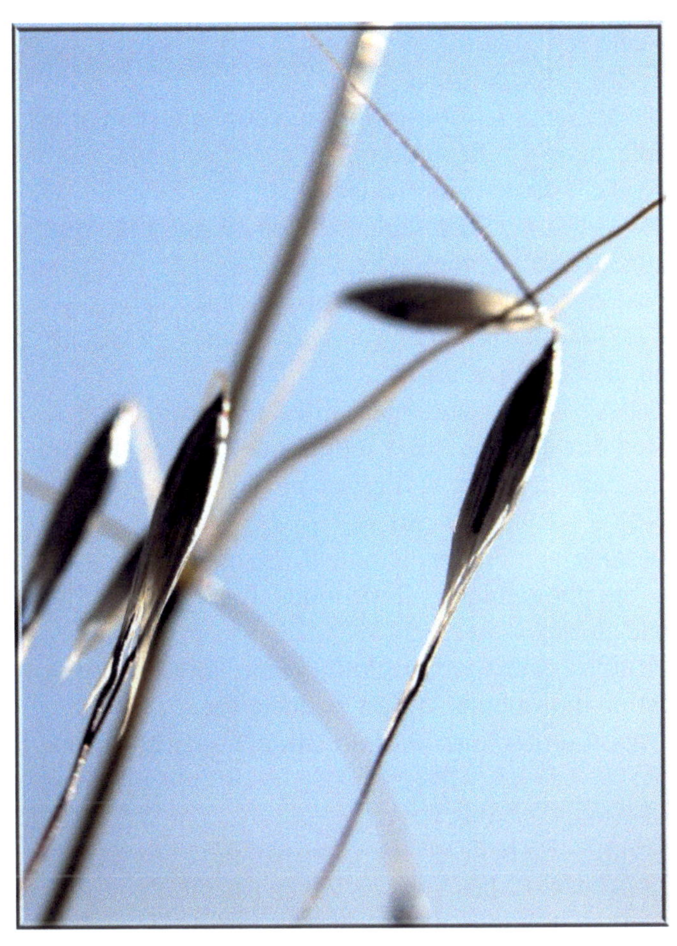

# 1. Ce que c'est…

Candide – Oui, j'aime bien… Mais je voudrais tout de même savoir ce que c'est.
Photographe – (*souriant, au professeur*) – Motus…
Professeur – Ce que c'est ?
Candide – Eh bien oui, c'est naturel, il me semble.

PROFESSEUR (*rêvant*) – Y a-t-il des questions si naturelles que cela ?

CANDIDE – Expliquez-vous.

PROFESSEUR – C'est-à-dire que votre question n'est pas simple, si on y réfléchit un peu.

CANDIDE – Je ne comprends pas.

PROFESSEUR – C'est seulement en disant cela que vous commencerez à comprendre.

CANDIDE – Trêve d'énigmes. Soyez clair.

PHOTOGRAPHE (*vexé, et se détournant*) – Comme si la photo ne l'était pas assez…

PROFESSEUR – Quand vous dites « Ce que c'est », vous voulez dire « ce que cela représente, ou « ce que cela désigne, dans la nature », n'est-ce pas ?

CANDIDE – Évidemment.

PROFESSEUR – Pas évidemment. Si nous posons la question au photographe, il ne nous dira pas forcément la même chose.

CANDIDE – Allez-y. Ou plutôt je me lance, je lui pose la question moi-même : qu'est ce que c'est ?

PHOTOGRAPHE (*haussant les épaules*) – Parbleu : une photo.

PROFESSEUR – Vous voyez.

CANDIDE – La belle affaire : une photo, je le sais bien…

PROFESSEUR – Mais vous ne l'avez pas dit d'abord.

CANDIDE – C'est que l'important n'est pas là.

PROFESSEUR – Pour vous.

CANDIDE – Soit, pour moi. Je resterai donc sans réponse.

PHOTOGRAPHE (*soupirant, au Professeur*) – Allez-y, faites lui plaisir.

PROFESSEUR – Ce que vous cherchez à voir, cher ami, derrière la photo qui, elle, ne vous paraît pas « le plus important », a dans la nature pour nom « Folle avoine ». J'espère que vous voilà enrichi.

CANDIDE – Oui, certes.

PROFESSEUR – Vous voulez dire quant à votre vocabulaire et votre connaissance du monde. Mais si par là vous n'étiez pas appauvri ?

CANDIDE – Et en quoi ?

PROFESSEUR – En ce que vous remplacez ce que vous voyez par ce que vous savez. Et ce qui est divers, profus, toujours changeant et quasi inépuisable par une définition de dictionnaire, un concept, sec comme un dessin au trait, un schéma facile.

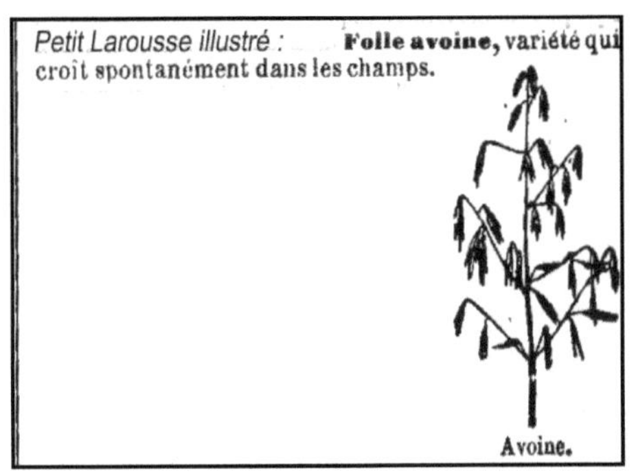


CANDIDE – De quoi parlez-vous ? Quel schéma ?

PROFESSEUR – Le voici. Gloire au Père Larousse !

CANDIDE – C'est bien ça, c'est ce que je vois.

PROFESSEUR – Heureusement non. La photo est sans fin, le schéma fixé une fois pour toutes.

CANDIDE – Pourquoi sans fin ? Il me semble qu'il n'y en a qu'une.

PHOTOGRAPHE (*ouvrant des yeux ronds*) – Une ? Et les autres, alors ? À quoi est-ce que je sers ?

PROFESSEUR – C'est vrai, il y en a bien d'autres. Et sans doute une infinité d'autres… (*Réfléchissant*) Tout l'art sans doute, tout l'art possible, est dans leur différence d'avec le schéma, comme il y a différence entre la sensibilité et l'intellect.

CANDIDE – Mais le dictionnaire ?

PROFESSEUR – Il donne des cases où mettre les choses. L'essentiel est la différence entre ces cases et ce que vous voyez.

PHOTOGRAPHE – J'ai envie de reproduire cet article à coté de ma photo. On aurait à la fois dans la photo une vision subjective, et à côté une définition verbale, un schéma figé : bref, le plus de renseignements possibles sur la plante, et la différence alors entre ce qu'on en sait et ce qu'on en voit sauterait davantage aux yeux. On verrait plus les décalages, les abîmes entre le réel et ses différentes représentations. Cela serait plus pensé, on aurait une sorte d'art moderne, un art…

PROFESSEUR *(le coupant)* – … conceptuel ? Effectivement, pour l'idée vous avez bien raison : car même le schéma du dictionnaire, et aussi la définition verbale qu'il donne de la chose, étant faite de mots seuls, ne sont pas, ne peuvent être, ne sont jamais la chose même. Tout ce monde représente, chaque système de signes à sa façon, et ne reproduit pas. Pas plus les mots que les images d'ailleurs : le mot *chien* ne mord pas, pas plus que son image. *(Un temps)* Mais pour compléter le programme il faudrait encore mettre une folle avoine véritable, ou bien au moins son souvenir, sa figure asséchée : vous en seriez quitte pour commencer un herbier.

CANDIDE – Je ne comprends pas.

PHOTOGRAPHE et PROFESSEUR *(ensemble)* – Courage, il va commencer à comprendre !

**Où l'on apprend...**

... qu'il ne faut pas confondre la *représentation* d'une chose, quelle qu'elle soit (visuelle, verbale), avec cette chose elle-même ; cette erreur, couramment répandue, est appelée *illusion référentielle*. Les gens ne voient pas ordinairement dans les images des choses une *représentation* des choses (parmi bien d'autres possibles), mais bel et bien la chose elle-même, quasiment sa *reproduction*. En outre, ils cherchent ordinairement à se rassurer en cherchant à identifier très sommairement ces choses, à les mettre dans des cadres abstraits ou conceptuels, tels que ceux qu'offrent les dictionnaires. – Mais ils oublient que même la définition et le schéma des dictionnaires ne sont pas la chose elle-même, étant faits de simples mots et de simples traits. – Que si on montrait tout ensemble une photo ou représentation visuelle d'une chose (peinture, etc.), ensuite à côté la représentation verbale de cette chose (texte qui la définit ou en parle, légende, etc.), et enfin en regard la chose elle-même (ou son vestige), on ferait réfléchir sur la différence radicale entre les choses et les signes, entre représenter et reproduire ; cette attitude appartiendrait à un art qui fait penser, proche de ce qu'on appelle aujourd'hui *art conceptuel*. – Quand on commencera à saisir la différence entre chose et signe, entre réel et représentation, on commencera à s'ouvrir à l'art et à la sensation essentielle du style, la *façon* de représenter, elle-même écho d'une expérience particulière du monde : alors on ne désespèrera plus de Candide, dont le monde ne sera plus intellectuellement, donc abusivement simplifié, mais sensiblement multipliable, quasi à l'infini...

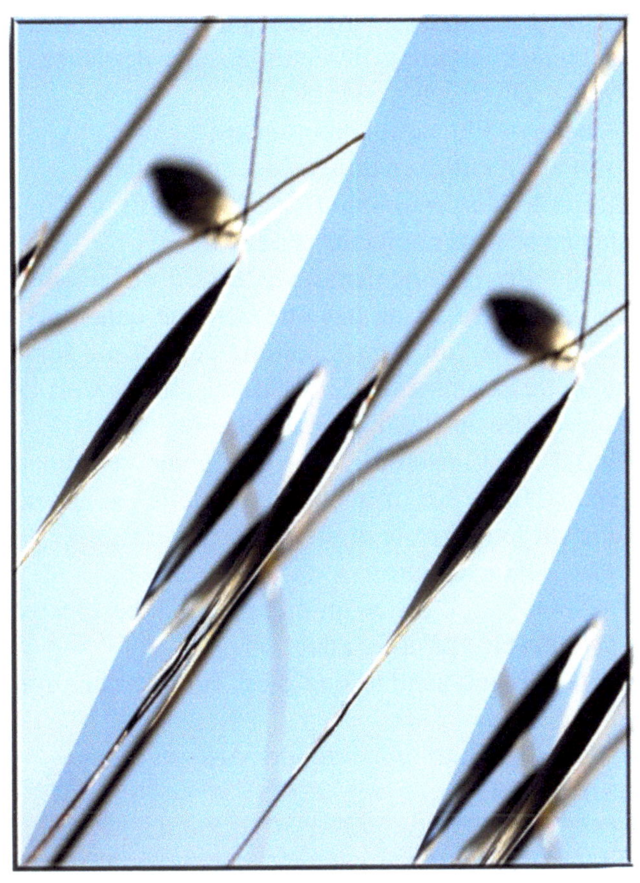

# 2. Vision multiple I

CANDIDE – Tiens, cette fois-ci, il y en a plusieurs.

PROFESSEUR – Mais regardez-bien. S'agit-il de plusieurs folles avoines, je veux dire de plusieurs exemplaires de cette espèce, ou bien au contraire de plusieurs visions de la même plante ?

CANDIDE – Effectivement, maintenant que vous me le dites, je vois bien que l'image est divisée en trois parties, chacune contenant une partie du même sujet.

PROFESSEUR – Et ces dernières parties, sont elles identiques, ou au contraire différentes les unes des autres ?

CANDIDE – Différentes, bien sûr.

PROFESSEUR – Et en quoi précisément ?

CANDIDE – En taille, en dimension, en grandeur…

PROFESSEUR (*l'interrompant*) – Cela suffit… Dites-moi maintenant si vous appréciez cette image.

CANDIDE – Pas énormément à vrai dire. J'aime bien savoir à quoi j'ai affaire, et ne pas être dérangé dans mes habitudes. Or on ne voit jamais comme cela, il me semble, à moins d'être atteint d'un défaut de vision, de voir double ou triple, d'être en état d'ébriété, etc.

PROFESSEUR – Vous voulez dire que la vision ordinaire est centrée, focalisée sur un seul objet, qu'elle choisit, sépare, découpe sur tout le reste et scrute attentivement.

CANDIDE – Exactement.

PROFESSEUR – Et c'est ce qu'on appelle la perspective, du latin *perspicere*, voir avec attention.

CANDIDE – Il me semble que c'est comme cela que l'on voit d'habitude.

PROFESSEUR – Et qu'on a toujours vu ?

CANDIDE – Oui.

PROFESSEUR – Détrompez-vous. Cette façon centrée et immobilisée de voir n'a pas toujours existé. On l'a pratiquée en peinture par exemple à partir de la Renaissance italienne, quand on a troué la toile par le point de fuite unique. Ainsi la vision s'est-elle trouvée subordonnée à la tyrannie de la géométrie. Encore aujourd'hui, il arrive qu'on enseigne à l'école cette méthode, comme norme unique de la représentation. Lorsqu'un peintre ferme l'œil et mesure avec le manche de son pinceau les tailles respectives des objets, inversement proportionnelles à leur distance, il agit de la même façon. Mais sans s'en rendre compte il est victime d'une tradition.

CANDIDE – Et pourquoi victime ?

PROFESSEUR – Parce qu'il s'agit là d'une opération intellectuelle. Ce qu'il sait remplace ce qu'il voit. Aussi sa vision est tendue, centrée, hautement disciplinée. Et remarquez bien que d'immobilisée l'image devient immobilisante. Le point de vue unique condamne celui qui le met en œuvre à une immobilité absolue, ce qui me semble aller au rebours d'une appréhension sensible du monde, où l'on bouge constamment, et sa vision avec.

CANDIDE – Je vous trouve bien sévère, et quant à moi je ne suis pas convaincu.

PROFESSEUR (*après un temps*) – Voyons. Qu'avez-vous fait tout à l'heure, avant de venir me voir ?

CANDIDE – Figurez-vous que sous la pluie j'approchais d'un passage réservé, et que le feu des piétons soudain passe au rouge. J'avais pourtant bien pris garde. Une voiture est arrivée, qui frôlant le trottoir m'a tout éclaboussé. De sorte que je suis actuellement tout mouillé. Et je m'en souviendrai, de cette aventure…

PROFESSEUR – Scrutez donc votre langage, en ce que vous venez de dire. Vous êtes passé abruptement d'un temps à l'autre : de l'imparfait au présent, puis plus que parfait, puis au passé composé, puis encore au présent, enfin au futur. Cette absence de transition, extrêmement fréquente dans le langage parlé, où les impressions sensibles l'emportent toujours sur leur mise en ordre logique, s'appelle une énallage, ici temporelle. (*Après un temps, réfléchissant*) Eh bien, en extrapolant, le phénomène qui se vient de voir dans ce que vous avez dit, qu'est-ce qui empêche qu'il ait son exact équivalent dans l'ordre de la vision ? Pourquoi n'y aurait-il pas aussi des énallages visuelles, dont notre image serait comme une illustration ?

CANDIDE – J'ai du mal à vous suivre, et je pense que vous mélangez un peu les domaines ici.

PROFESSEUR – Non, l'esprit humain est un : *Mélange c'est l'esprit*. Quand un homme parle et quand il voit, son esprit effectue des opérations identiques, ou bien analogues, ou à tout le moins comparables. (*Un temps*) Au moins, admettez-vous que cette image, en proposant d'un même sujet plusieurs visions prises à des distances différentes, suppose à chaque fois un changement de perspective, donc un déplacement, une ambulation du spectateur – exactement comme dans les énallages verbales, où il y a dans l'esprit pour les saisir nécessité d'une sorte d'accommodation, de déplacement mental opéré à chaque fois ? En somme, cette image en un sens est plus vivante que la première, qui n'exige aucun mouvement de notre part pour être perçue et épuisée. Elle provoque, vous l'admettez, plus de surprise, et c'est comme cela que notre esprit fonctionne, sous l'égide de la sensibilité, et non de l'intellect.

CANDIDE – Surprise, d'accord – mais certains ne les aiment pas…

PROFESSEUR – Tiens, à l'énallage vous ajoutez maintenant la syllepse de nombre, autre figure de la vivacité. Mais rassurez-vous, nous en parlerons une autre fois. En tout cas, ce que vous accordez aux mots, accordez-le aussi aux images…

**Où l'on apprend…**

… que la vision sensible peut être multiple ou éclatée. Le monde y devient profus, n'est plus unifié par le regard tendu, tel celui de la perspective (*perspicere* : voir attentivement). Il n'y a plus de cohérence maîtrisée ou disciplinée du regard. – Même chose dans le langage, comme il se voit dans les *énallages*. Ils sont le triomphe des impressions momentanées et fugitives (comme le sont ici les divers fragments d'un même sujet juxtaposés à diverses échelles) sur l'ensemble. D'immobile, le spectateur de cette nouvelle image est rendu à l'ambulation (pour justifier la différence des échelles) et au mouvement. Donc ce monde perd l'habitude et l'organisation, mais gagne la surprise constante. Il est plus *vivant*.

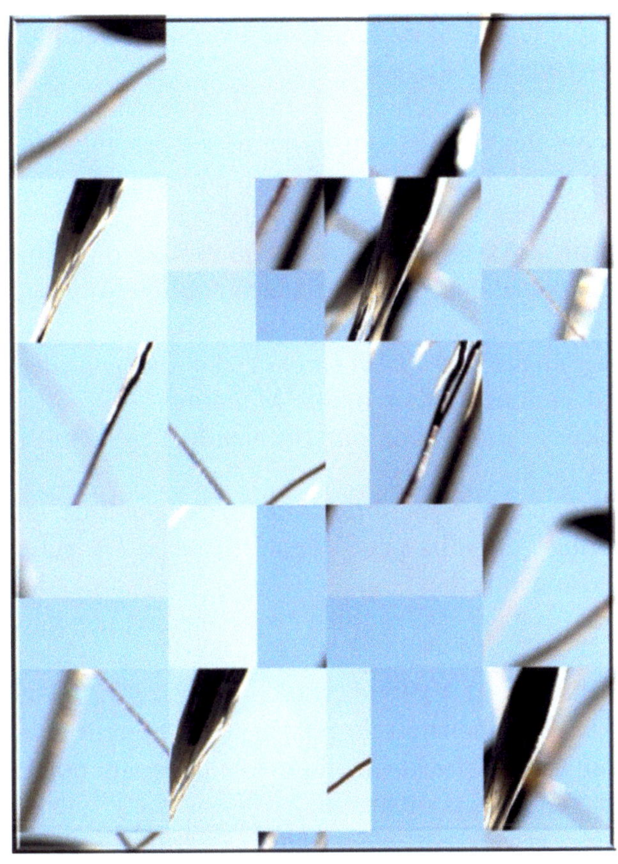

# 3. Vision multiple II

CANDIDE (*au Photographe*) – Sans doute vous vous êtes bien amusé.

PHOTOGRAPHE – Si l'on veut… Une telle image demande beaucoup de patience.

CANDIDE – On dirait un puzzle.

PHOTOGRAPHE – À la différence que dans les puzzles ordinaires il s'agit de reconstruire un sujet des plus classiques : vision centrée, point de vue unique, tout cela de façon que le travail de reconstitution en soit facilité. Mais ici est-ce le cas ? Regardez bien.

CANDIDE – Non, bien sûr. Il s'agit de fragments disposés de façon aléatoire, et qui voudrait les recomposer serait bien en peine de trouver une image unique.

PHOTOGRAPHE – Mais est-ce que cela vous gêne ?

CANDIDE – Assurément oui, car je préfère que dans tous les jeux de patience il n'y ait à la fin qu'une solution. Cela me rassure. Je n'aime pas beaucoup le hasard.

POÈTE (*intervenant*) – *Un coup de dés jamais n'abolira le hasard*, comme dit mon maître Mallarmé.

CANDIDE – À son nom, on voit bien que ce n'était pas un esprit simple.

PHOTOGRAPHE – Que diriez-vous maintenant de tous ces fragments ? Sont-ils pris à égale distance ? L'échelle en est-elle la même ?

CANDIDE – Non, et c'est bien ce qui me déroute dans cette image.

PHOTOGRAPHE – Au fond, vous préféreriez qu'à l'arrivée, après la recomposition du puzzle, vous ne retrouviez que l'initial exemplaire de la folle avoine, nous donnant sa vision complète, permanente.

POÈTE – *Tel qu'en lui-même enfin l'éternité le change…*

CANDIDE – Sans doute. Mais au fond, à quoi riment tous ces jeux, que je trouve un peu gratuits ?

PROFESSEUR (*intervenant*) – Voyons encore. Je vais vous demander maintenant non pas ce que vous avez fait tout à l'heure avant de venir nous voir, mais ce que vous avez vu, et éventuellement qui.

CANDIDE – C'est très simple. Avant d'être arrosé par cette voiture dont je vous ai parlé…

PROFESSEUR (*l'interrompant*) – En avez-vous vu la marque, au moins la couleur ? Et le conducteur ? Ou était-ce une conductrice ?

CANDIDE – Je n'en sais rien. Seuls mes pieds et mes vêtements ont assisté à la scène.

PROFESSEUR – Continuez donc.

CANDIDE – J'ai rencontré mon ami X., qui m'a fait part de ses ennuis conjugaux.

PROFESSEUR – Et comment était-il habillé ? Au moins la couleur de sa tenue ?

CANDIDE – Là encore je n'en sais rien. Tout ce que je sais est qu'il m'a paru vieilli.

PROFESSEUR – En quel sens ? Couleur de ses cheveux ? Où étaient ses rides ? Était-il rasé de frais, ou sa barbe était-elle négligée ?

CANDIDE – Je ne sais plus. – De toute façon, à quoi mène cet interrogatoire ? J'ai l'impression d'être à la question, et qu'on se moque de moi. J'ai bien envie de m'en aller…

PROFESSEUR – Ne vous fâchez pas. Tout ce que je veux vous montrer, c'est que nous ne percevons jamais le tout des choses. L'idée d'une vision complète, globale, de ce qui se présente à nous est une chimère. Du monde nous ne percevons réellement que des fragments épars : *membra disjecta*. C'est notre esprit, notre intellect, qui comble les manques, et qui nous donne l'illusion d'une vision synoptique.

CANDIDE – Pas de grands mots, s'il vous plaît. C'est très facile d'humilier les gens.

PROFESSEUR – Vous avez raison. Mais convenez que de l'ami que vous avez rencontré vous n'avez réellement perçu que peu de chose, peut-être un ton de voix, ou l'expression d'un regard. À un autre moment et suivant un autre contexte, ou bien situé autrement par rapport à lui, vous en percevrez autre chose, comme son allure générale, ou son dos un peu voûté, ou la couleur réelle de ses yeux, etc. Vision de dos, plans intermédiaires, gros plans, comme on dit au cinéma, changent toujours. On pourrait dire que vos distances mentales, celles qui structurent vos perceptions, correspondent exactement aux échelles visuelles de notre ami le Photographe : elles changent constamment.

CANDIDE – Je ne vois pas bien ce qu'on y gagne.

PROFESSEUR – Énormément au contraire. Chaque vision particulière n'étant que fragmentée et donc approximative eu égard à la totalité, il y a intérêt d'en présenter le plus possible à la fois, pour que l'ensemble soit le plus complet, ou le moins incomplet possible.

ARTISTE (*intervenant*) – Ainsi le peintre cubiste nous donne d'un visage les deux visions qu'on en peut avoir, l'une de face, et l'autre de profil, en les mélangeant sur une même image.

CANDIDE – Je n'aime pas cet art moderne.

ARTISTE – Il est très ancien, au contraire. Les anciens peintres égyptiens présentaient bien un visage de profil, avec un œil de face, et pour le corps des jambes vues de profil, surmontées d'un torse aux épaules vues de face. L'ensemble était criant de vérité.

PROFESSEUR – Et d'ailleurs vous noterez que dans les photos anthropométriques on exige, pour renseignement maximal, les deux visions d'un même visage : une de face, et une de profil.

CANDIDE – Alors pourquoi nous a-t-on habitués à la vision unique et centrée, soit frontale, soit profil, et jamais les deux à la fois, pour les portraits par exemple ?

PROFESSEUR – C'est la parenthèse classique de l'art occidental, depuis la Renaissance italienne dont j'ai déjà parlé. Mais la modernité ne fait en réalité que faire retour à cette vision archaïque multiple dont l'Artiste nous a parlé, après cette parenthèse qui n'a duré que bien peu de siècles.

POÈTE – J'ai entendu dire que vous avez parlé dans un précédent entretien des énallages temporelles. Eh bien, en relisant l'autre jour la *Chanson de Roland*, j'ai constaté que chaque strophe en était remplie. Mais à l'autre bout, lorsque je lis tel passage de Marguerite Duras, tel paragraphe de *Moderato Cantabile*, par exemple, je vois que cette romancière qui est avant tout poète ne fait elle aussi que revenir à un état archaïque du langage, qui d'ailleurs n'a jamais cessé d'être, comme il me semble que vous l'avez dit, dans le langage parlé.

PROFESSEUR – La fameuse concordance des temps, par exemple, qu'on inculque absurdement à l'école, ne date que de l'époque classique. (*À Candide*) À propos, que vous a dit votre ami infortuné conjugal ?

CANDIDE – Il m'a dit que je suis heureux de ne pas être comme lui.

PROFESSEUR – Et non pas : « que j'étais heureux » ! *Exit* la concordance des temps. Mais ce n'est pas du tout une incorrection, comme le dirait un grammairien cuistre. (*Réfléchissant*) Cependant le sens tout de même est légèrement différent dans les deux tournures. – Vive la complexité…

CANDIDE – Mais notre Photographe a-t-il pensé à tout cela ?

ARTISTE – Peut-être a-t-il voulu imiter David Hockney, ou tel autre auteur de collages ?

PHOTOGRAPHE – Non, c'était simplement pour épater mon amie…

PROFESSEUR – Tiens donc… Et elle, la voyez-vous toujours en entier, en pied, comme on se voit devant une glace ?

PHOTOGRAPHE – Non, bien sûr. (*Plus bas*) Surtout dans nos moments intimes.

POÈTE – Voyez en effet *Les Bijoux*, de Baudelaire, où un corps aimé n'est vu que partie après partie. Ou en moins sulfureux, *À une passante*, du même poète. De celle que nous croisons dans la rue, nous ne voyons jamais que des fragments, le bas d'une robe par exemple. *Une femme pas-*

*sa, d'une main fastueuse / Soulevant, balançant le feston et l'ourlet…*

PROFESSEUR (*à Candide*) – Voici donc résolue l'énigme de la femme coupée en morceaux, comme notre Folle avoine : c'est ainsi que nous la voyons toujours, et vous-même n'y faites pas exception.

---

**Où l'on apprend…**

… que l'on est en présence d'une autre sorte de vision multiple, celle-là sans doute plus statique. Comme dans la photo précédente, les échelles respectives sont abolies. C'est une sorte de mosaïque cubiste. Cela correspond à notre éparpillement habituel du regard, qui voltige, papillonne de çà de là. Ne pas oublier donc que le monde nous est plus donné par fragments, de façon décousue, que de façon définitive et unifiée. Si on reconstruit le puzzle, c'est après l'impression première. Cette dernière n'est faite que de détails. – Dans l'histoire de l'art, on commence par l'éparpillement, puis on unifie (la Renaissance italienne), et enfin on revient à l'éparpillement à l'époque moderne. Même chose en littérature : les énallages de Duras font une sorte de retour à la *Chanson de Roland*. Il n'y a là que rythmes : le moderne bien souvent n'est que le retour à du plus ancien.

---

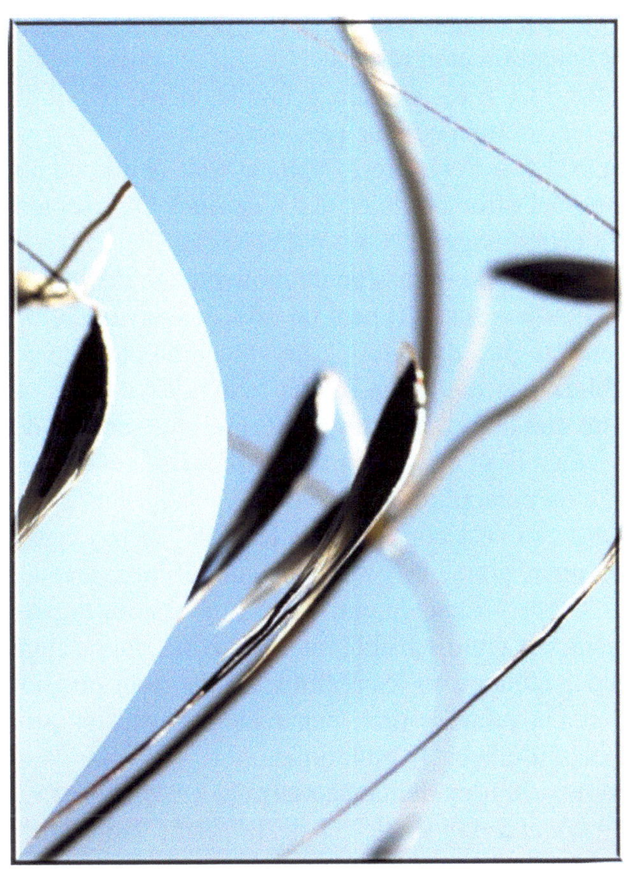

# 4. Mouvement I

PHOTOGRAPHE –« Cisaillement », tel est le nom du filtre de déformation dans mon logiciel de traitement d'images. Effectivement l'image est cisaillée avec une reprise à gauche d'une partie de l'image qu'on suppose avoir disparu ailleurs. On parle en termes techniques d'un rebouclage des pixels.

CANDIDE – Dieu ! Que tout cela est compliqué !

PHOTOGRAPHE – Diable ! Mais c'est passionnant à réaliser.

PROFESSEUR – De toute façon, l'important n'est pas le jeu, mais l'intention et le résultat.

ARTISTE – Ce n'est pas sûr. Il faut les deux. N'oubliez pas qu'un vieux chien ne joue pas…

PROFESSEUR – Peut-être… Mais si tout de même nous en venions à l'effet produit ? (*À Candide*) Que sentez-vous devant cette image ?

CANDIDE – Une impression de mouvement, de vent…

PROFESSEUR – Juste. Il peut en effet y avoir du vent. Mais ne peut-on pas dire aussi que nous-mêmes bougeons ? N'oubliez pas que quand nous marchons il nous semble souvent que le paysage, pourtant immobile en soi, défile à notre côté. Il se produit une translation latérale des surfaces, et la perception s'inverse.

CANDIDE – C'est comme dans le train : le paysage défile devant nous, alors que c'est nous qui défilons devant lui.

PROFESSEUR – Exactement. Cette impression, fausse logiquement, est vraie sensiblement. Ici votre impression, cher Candide, échange ici les réalités, inverse leur position respective. On pourrait dire, par analogie avec les procédés du texte, qu'elle est hypallatique.

CANDIDE – Je n'en demande pas tant…

POÈTE (*intervenant*) – C'est de la même façon que nous disons que le temps passe, alors que nous passons dans le temps.

PROFESSEUR – Eh oui, nous passons, puis trépassons… Mais puisque vous voici, cher Poète, il me semble qu'a dit cela aussi un de vos confrères, un certain Rimbaud…

POÈTE – Oui, quand il parle du *charme des lieux fuyants*. Alors que c'est lui qui fuyait toujours, homme aux semelles de vent…

PROFESSEUR – Et à quoi l'opposait-il, ce charme ?

POÈTE – Au *délice surhumain des stations*.

CANDIDE – Des gares ?

POÈTE – Mais non, des arrêts, ou par la magie transverbérante que nous produisent certains paysages, certaines visions, nous sommes cloués sur place, par une sorte de sidération. Il les dit *surhumains*, parce que nous ne sommes pas toujours à ce niveau, et qu'hélas ! nous devons y survivre.

PROFESSEUR – Voilà donc nos deux lots dans cette vie : d'un côté la marche, dans le mouvement, l'élan, le dynamisme, et de l'autre l'arrêt, évidemment dans l'immobilité transperçante de l'essentiel.

PHOTOGRAPHE – Il me semble que cet arrêt pourrait être figuré dans mon logiciel par une option du filtre *Pixellisation*, appelée *Mosaïque*. Mais je préfère ménager mes effets, et celle-là, je la réserve pour plus tard…

PROFESSEUR – Oui, et je pense que l'Artiste ne me contredira pas ici, il y a des images qui semblent bouger elles-mêmes ou par perception inversée font bouger le spectateur, et d'autres qui l'immobilisent. Les premières choisissent ordinairement les courbes et les volutes, et les secondes la pure géométrie statique et médusante.

ARTISTE – Sans doute. Dans l'histoire de l'art c'est à l'époque baroque, après bien des siècles de figuration hiératique, que le mouvement s'est imposé. Voyez par exemple la différence entre le Jugement Dernier de la Cathédrale d'Albi, où les figures sont géométriquement rangées par strates superposées, et celui de Michel-Ange à la Chapelle Sixtine : là tout est emporté dans une giration effrénée. Mais à force de tourbillonner ainsi, on peut avoir le vertige, et si notre Théologien était là…

THÉOLOGIEN (*toujours prêt*) – Mais je peux y être, si l'Auteur le permet.

AUTEUR – Allez-y mais soyez bref.

THÉOLOGIEN – Soit. On est passé alors d'une vision statique de la foi, qui était jusque là évidence indubitable au fond du cœur, à un ensemble complexe, fait certes de rêves et d'imaginaire d'une grande richesse, mais aussi de doute et d'angoisse. Certains ont parlé du pessimisme de la Renaissance. Cette formule, en apparence paradoxale, n'est pas dépourvue de vérité. Ce n'est pas rien d'être déraciné, désorbité. On peut bien vouloir escalader le ciel, mais aussi, comme Icare, tomber ensuite dans le gouffre sans fond des aspirations déçues.

CANDIDE – Pauvre folle avoine, à quoi ne te fait-on pas servir !

**Où l'on apprend…**

… qu'il y a des images dynamiques, et des images statiques, correspondant à nos deux tentations fondamentales : l'élan aventureux, et le désir d'arrêt. Ici le filtre utilisé a créé du vent dans l'image. Ce mouvement en Occident est l'essentiel de l'art *baroque*. Il crée du dynamisme (mais aussi disent certains une angoisse), après des siècles d'immobilité croyante.

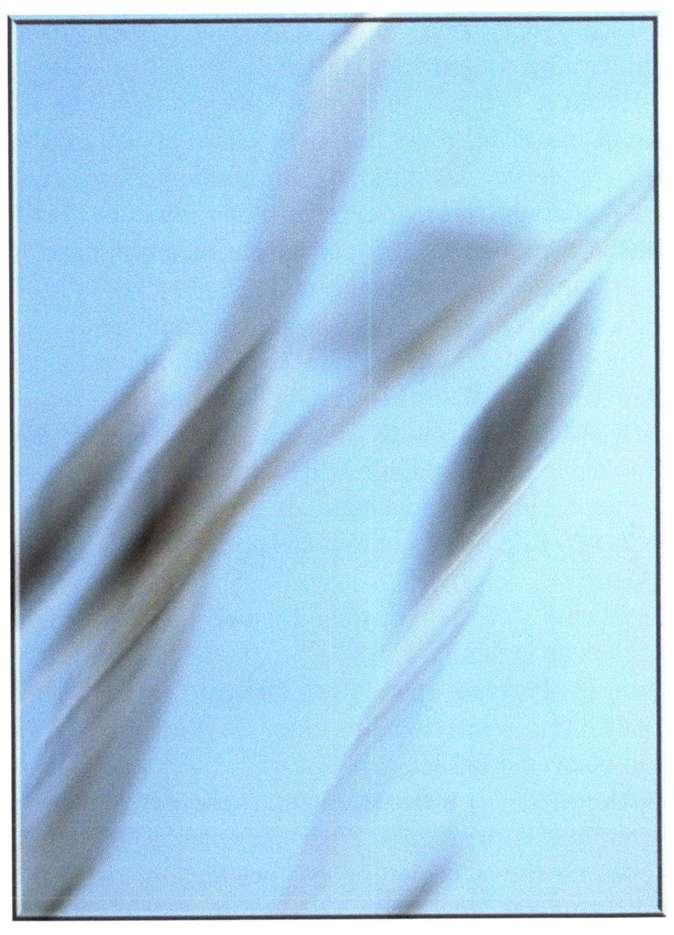

## 5. Mouvement II

CANDIDE – C'est la vision d'un myope que vous nous pro-
posez là !
PROFESSEUR – Peut-être, mais seulement si vous vous
souvenez de la vision initiale, qui, elle, était « nette ».
CANDIDE – Sans doute.
PROFESSEUR – Autrement vous ne sauriez pas à quoi vous
avez affaire.

CANDIDE – Évidemment. – Mais quel besoin a-t-on de brouiller ainsi toujours les choses ?

PROFESSEUR – C'est que notre perception est elle-même souvent brouillée, n'est pas aussi claire et nette qu'on le croit. Fugitivité des instants, impressions sans durée… Tout change de forme, rien n'est déterminé une fois pour toutes. Le monde est en constante métamorphose. (*Rêveur*) Permanente impermanence…

POÈTE (*Intervenant*) – Et permanente métaphore…

CANDIDE – Pour moi, je n'en ai pas l'impression. Mon monde à moi est stable et fixe.

PROFESSEUR – Au moins le voulez-vous tel. (*Un temps*) Maintenant, cher Candide, dites-moi de quelle circonstance peut rendre compte cette image.

CANDIDE – Elle donne en tout cas une impression de mouvement.

PROFESSEUR – Exact. Et quand est-ce que bougent ainsi les objets de la nature ?

CANDIDE – Parbleu, quand il y a du vent.

PROFESSEUR – Interrogeons donc le Photographe, pour savoir ce qu'il a fait ici.

PHOTOGRAPHE – Le déplacement causé par le vent peut être rendu à la prise de vue par une vitesse lente qui crée un effet de filé. Ou bien en postproduction, par déplacement du papier sous l'agrandisseur en argentique, ou en numérique, ce qui est beaucoup plus facile, par utilisation d'un filtre approprié. Ici il s'agit d'un *Flou directionnel*.

PROFESSEUR – Vous voyez donc que la photographie qui immobilise les choses (qui est « nette ») n'en rend pas compte, car elles bougent, et le temps ne s'arrête pas. La photo est menteuse ainsi, et on l'a déjà dit… – Mais encore, ne peut-on voir ici autre chose ? Pour cela, interrogeons l'Artiste.

ARTISTE (*Nouvel interrogé*) – Ce sont des gestes créateurs, de l'*action painting* en quelque sorte.

PROFESSEUR – En somme, tout se passe comme si, à force d'observer les choses et leur changement, on brouillait et diluait les signes…

GRAMMAIRIEN (*De service*) – Leur caractérisation…

PROFESSEUR – … et comme si dans ce moment même on prenait conscience de leur autonomie, et du geste même du scripteur qui les trace sur la page, ou du peintre qui le fait sur sa toile, etc. Ainsi passe-t-on d'un compte rendu plus exact du monde qui passe…

THÉOLOGIEN (*Toujours prêt*) – Voyez la première épître aux Corinthiens : « Elle passe, la figure de ce monde… »

PROFESSEUR – … à la conscience d'un pouvoir nouveau qu'on détient. Ainsi Kandinsky est devenu abstrait après avoir vu une *Meule de foin* de Monet. (*Un temps*) Notez que l'abstraction ici est lyrique ou informelle, et qu'il ne faut pas la confondre avec l'abstraction géométrique dont nous parlerons plus loin.

CANDIDE – Abstrait, cela l'est bien trop pour moi.

PROFESSEUR – Aussi interrogeons encore le Poète, il dira les choses plus concrètement, et plus sensiblement.

POÈTE – *Tout passe / Seuls restent / La trace / Le geste …*

---

## Où l'on apprend…

… que l'aspect des choses visibles est susceptible de changer de moment en moment, détruisant notre désir d'un monde stable et toujours identique. Que l'œil de l'artiste qui veut en rendre compte le mène naturellement à prendre conscience du pouvoir qu'il a de le faire, et à s'intéresser aux signes seuls, pour finalement s'affranchir de l'objet vu. De l'impressionnisme (signes brouillés) à l'abstraction (signes autonomes) le pas est vite franchi…

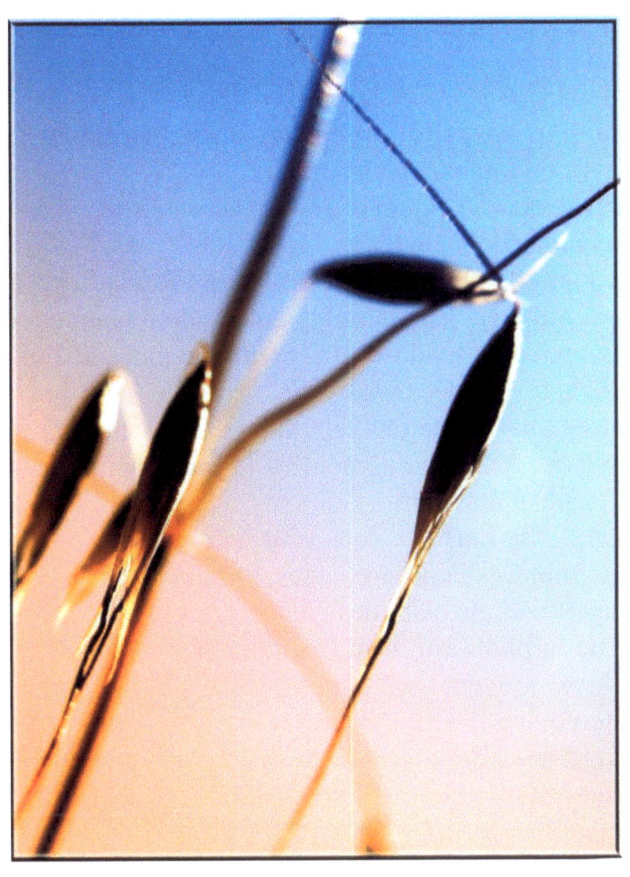

# 6. Ensoleillement

CANDIDE – Pas mal. Ça égaie…

PROFESSEUR (*au Photographe*) – Donc, avec toutes ces techniques modernes, on peut faire se lever le soleil à volonté ?

PHOTOGRAPHE – Oui, en appliquant un calque de remplissage : *Dégradé bleu / orangé*. Évidemment cela est beaucoup moins facile si c'était une photo noir et blanc, en réalité en nuances de gris. Il faudrait la transformer, lui redonner des couleurs.

PROFESSEUR – C'est que la couleur est plus proche de nous et humaine…

PHOTOGRAPHE – … et le noir et blanc plus éloigné, plus stylisé, plus abstrait. Plus élégant aussi : quand on le pratique, on est toujours en smoking.

PROFESSEUR – Toujours la fameuse règle, selon laquelle moins donne plus…

PHOTOGRAPHE – Bien sûr. (*Un temps*) Remarquez que le calque coloré est paramétrable : mode de fusion, direction, orientation du pseudo-soleil, et importance de l'effet se modifient à volonté.

PROFESSEUR – Aimeront cette image tous ceux qui aiment la lumière : de la photographie à la photothérapie… C'est ce qui a plu à notre ami.

CANDIDE – Je sens que vous vous moquez.

PROFESSEUR – Peut-être. Le problème de ce type d'images, comme celui des *clichés* dans le texte (si proche donc de la photo qu'il lui emprunte son vocabulaire), est qu'elle est souvent vue : cartes postales, films, etc. D'habitude le novice ignore l'existence du filtre coloré vissé sur l'objectif en photo argentique, ou du traitement en dégradé en photo numérique : alors il « marche ». Il court même, comme Candide.

CANDIDE – Et que lui reprochez-vous précisément, à cette image ?

PROFESSEUR – Son côté kitsch.

PHOTOGRAPHE – Je vous trouve bien sévère, tout de même.

ARTISTE (*intervenant*) – Et il arrive pourtant, surtout dans les fins d'après-midi, qu'on voie effectivement cette atmosphère bleue et cette lumière orangée. Alors ?

PROFESSEUR – Alors ? (*Réfléchissant*) On pourrait dire alors de ce qu'on voit dans la nature : « C'est comme en photo, ou au cinéma… » Peut-être maintenant dois-je faire amende honorable. Tenez, interrogeons là-dessus encore une fois préposé aux citations, notre poète.

POÈTE (*préposé aux citations*) – *C'est un ciel contre-nature / Comme on n'en voit qu'aux peintures...*

PROFESSEUR – Aragon a raison : le vrai ciel peut venir des œuvres. Tel coucher de soleil effectivement vu peut nous rappeler le ciel enflammé de Tara, dans *Autant en emporte le vent*. Surgit aussitôt en nous la musique, pourtant en elle-même si tonitruante et excessive : alors elle peut nous chavirer. Au fond, il ne faudrait pas condamner trop vite. Et si la nature, comme disait Oscar Wilde, imitait l'art ?

CANDIDE – Je maintiens que cette image me plaît.

PROFESSEUR – Bienheureuse naïveté ! (*Un temps*) Au fond, il y a un problème insondable du kitsch : il est artificiel, fabriqué, plaisant seulement aux yeux. Mais il peut être profond. On se moque des chansons d'amour banales, faites de clichés, jusqu'à ce qu'on tombe amoureux. On en voit alors l'essentielle vérité. C'est un problème de contexte, de température émotionnelle : on raille quand on est froid, on admire dans l'émotion. Ce qui plaît le plus peut-être dans une lettre d'amour, ce sont les fautes d'orthographe. – Tenez, cher Candide, je vous envie.

CANDIDE – C'est bien la première fois.

PROFESSEUR – Laissons donc notre poète faire une ode au kitsch.

POÈTE – Volontiers. *Gloire à toi, kitsch, toi sans qui les choses / Ne seraient que ce qu'elles sont...*

.../...

## Où l'on apprend…

… que le traitement de la photo peut lui donner une atmosphère qu'elle n'avait pas à la prise de vue. Déjà en argentique on pouvait utiliser un filtre coloré dès le déclenchement, puis en postproduction changer les tons dans le labo. Mais maintenant les techniques numériques semblent n'avoir plus aucune limite, que ce soit en prise de vue ou, encore plus, toujours en postproduction, avec travail sur logiciel dédié. Tout cela montre que l'objectivité photographique, à quoi on a pu croire lorsque cette technique a été inventée au XIX$^e$ siècle (au point que selon certains la peinture a été libérée alors de la tâche de reproduire), n'existe absolument pas. – S'agissant de l'usage de certains effets, comme l'éclairement du sujet par un soleil factice, il peut devenir banal à force d'être reproduit, exactement comme dans le texte certaines formules deviennent des clichés. Cependant l'énigme demeure : et si ces « clichés » pouvaient à nouveau prendre vie, comme une pièce de monnaie qui s'est encrassée à force de passer de main en main, mais qu'on s'aviserait de nettoyer à nouveau ? On se moque par exemple du kitsch, qui est l'abus des clichés, mais c'est qu'on en juge froidement. Au contraire, dans telle situation émotionnelle forte, on peut en sentir la vérité. C'est seulement une affaire de contexte.

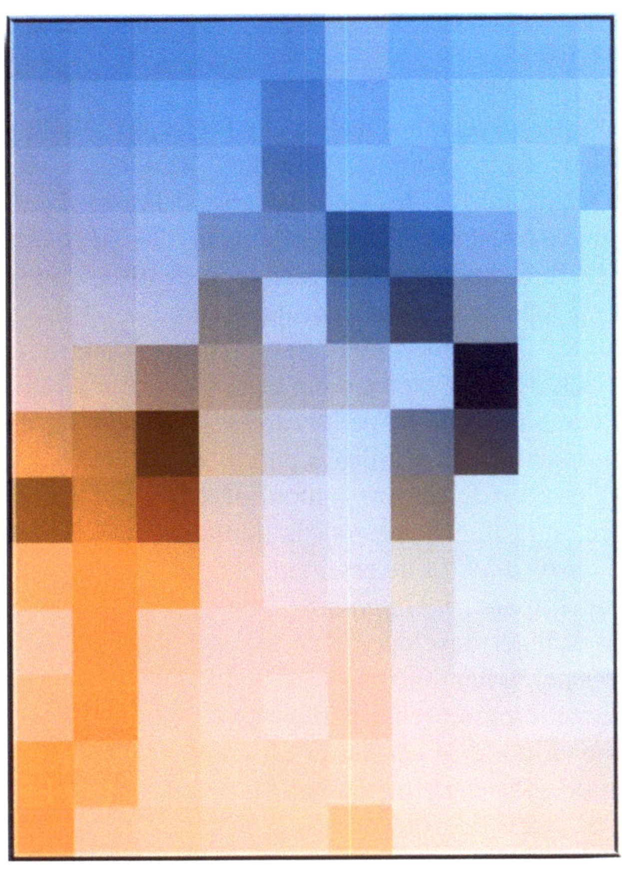

# 7. Géométrie I

ARTISTE – Moi, je pense à un Mondrian.
PROFESSEUR – Vous pouvez. Ici on tourne le dos à la vie. De même façon Mondrian a cherché dans des images de ce type un refuge loin de l'existence. Il détestait le vert, par exemple, couleur de la végétation, qui avait en elle trop de vie, trop d'exubérance : il y en avait trop dans sa patrie, la Hollande, et pour cette raison il n'y souhaitait pas revenir. Sa démarche était mystique : n'oubliez pas

qu'il avait contact avec la théosophie. C'est une nouvelle sorte d'icône…

ARTISTE – Abstraite pourtant.

PROFESSEUR – Comme celles de Poliakov. D'ailleurs le fondateur de la peinture abstraite, Kandinsky, en bon russe, était familier des icônes. Et aussi Jawlensky… (*Réfléchissant*) L'icône présente souvent une géométrie interne si forte qu'elle paraît parfois le deuil de son propre sujet : il apparaît bien anecdotique à côté.

CANDIDE – Finalement ce n'est que de la géométrie…

PHOTOGRAPHE – Comme dans toute image numérique, qui n'est composée que de petits carrés, les pixels. Ici ils sont bien grossis. Le filtre utilisé a pour nom : *Mosaïque*.

PROFESSEUR – Je reviens à mon idée. Il y a il me semble un lien entre l'abstraction et la transcendance, Kandinsky dirait le *spirituel*. Et inversement entre la proximité figurative de l'image, l'*Einfühlung*, et l'humanisme. C'est ce que Worringer développe dans *Abstraction et Einfühlung*. (*Un temps*) Notez bien qu'il parle de l'abstraction géométrique, celle présente ici, et non de l'abstraction comprise comme dilution apparemment désordonnée des formes, qu'on dit *informelle* ou *lyrique*. Voyez là-dessus la fin de notre entretien précédent : *Mouvement II*.

CANDIDE – C'est bien savant pour moi.

PROFESSEUR – Ne vous sentez pas rabaissé. N'ayez pas cette haine du savoir qui le fait refuser par beaucoup, peut-être parce qu'ils se sentent inférieurs. Mais ils ont tort. (*Un temps*) D'ailleurs, vous allez voir qu'on peut faire comprendre simplement. Avez-vous réfléchi à cette activité éminemment artistique qu'on nomme *maquillage* ?

CANDIDE – *Artistique*, comme vous y allez…

PROFESSEUR – Mais si. Il n'y a pas de petit exemple.

CANDIDE – En tout cas je ne vois pas le rapport avec cette image.

PROFESSEUR – Il existe, le point commun est la puissance et l'ascendant constants de la géométrie... Réfléchissez : et si le maquillage n'était qu'une géométrisation systématique et préméditée du visage ? Voyez l'*Éloge du maquillage* de Baudelaire en ses *Curiosités esthétiques*, ou encore *Le visage de Garbo* de Barthes en ses *Mythologies*.

CANDIDE – Je pense simplement qu'on se maquille pour se rendre plus attirant.

PROFESSEUR – C'est vrai et c'est faux à la fois. On maquille le visage humain pour l'arracher précisément à son humanité, pour le faire entrer dans le monde des formes pures, archétypales, ou essentielles si vous voulez. Et quoi de plus pur, de plus hors-vie, que la géométrie ? Cela dépasse largement le désir, la projection, l'identification. Garbo, on l'appelait la *divine*... Mais qui désirerait physiquement un être divin ? L'enjeu est autre. La vraie beauté, la hiératique, est atterrante. Tenez, recourons encore à notre poète.

POÈTE (*le recours*) – *Il y a des femmes qui inspirent l'envie de les conquérir et de jouir d'elles. Celle-ci donne seulement le désir de mourir lentement sous son regard.*

PROFESSEUR – Baudelaire a raison. Telle est l'absolue beauté. Elle est une catastrophe, on y périt : on meurt en beauté. On peut dire qu'il y a des êtres qui en sont quasiment protégés. Pour rien au monde on les toucherait. Et il n'est pas sûr qu'il faille la souhaiter à quiconque, car elle les isole complètement : voyez par exemple *Trop belle pour toi*, de Bertrand Blier. Bien sûr, vous pouvez me dire que ces êtres ne savent pas non plus le mal qu'ils nous font, à seulement les voir. (*Rêveur*) Un mal et un bien ensemble... En vérité, meurtrière est la beauté. Et on peut même lui en vouloir, d'être trop loin de nous ...

POÈTE – *Et ce mal qui nous fait du bien...*

PROFESSEUR – Ici vous citez Ferré, dans *C'est extra*. C'est qu'alors la vie banale, avec ses milliers de coups d'aiguilles, ses démons mesquins, ne nous atteint plus : ne nous *touche* plus. Il y a bien en tout cas dans le beau absolu un côté destructeur, fracassant et calcinant, et ce n'est pas pour rien qu'on dit d'une chose inintéressante qu'elle ne *casse* rien.

CANDIDE – Je trouve tout cela bien compliqué, et aussi bien redoutable.

PROFESSEUR – En quoi vous avez raison aussi. Il y a des dangers certains dans cette attitude extatique et sidérée : isolement, pourquoi pas schizophrénie... Et quant au refus de la projection humaine, de l'empathie, de l'*Einfühlung...* Le criminel inhumain l'est souvent parce que précisément il est incapable de cette empathie. (*Un temps*) Ainsi l'art est contact et distance : trop de contact donne l'empathie dégoulinante et le kitsch. Et trop de distance ? (*Au Photographe*) Cette version géométrisée calme et fait oublier la vie : en un sens elle met les choses en ordre, dans un ordre qui ne leur appartient pas. Si vous supprimez totalement l'image dont elle vient, même à l'état de miniature souvenir, vous oublierez facilement toutes les circonstances dans lesquelles vous avez pris la photo : fasciné, amnésique ébloui, vous serez un voyageur sans bagage... Méfiez-vous de l'abstraction Alzheimer...

PHOTOGRAPHE – Soit : je la garde.

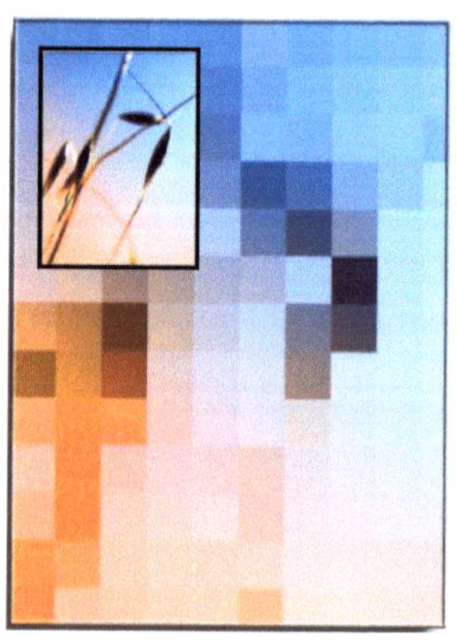

**Où l'on apprend...**

... qu'il existe, à coté d'une abstraction diluant les formes, appelée lyrique ou informelle, une abstraction géométrique, qui tourne résolument le dos à la vie, et dont cette image est un exemple-limite. Les raisons en sont la recherche maximale de pureté, par refus de la profusion incontrôlable présentée par le monde. On pourrait en rapprocher l'exemple du maquillage, qui tend à géométriser le visage pour l'arracher à l'aléatoire, à l'impur, au mêlé de la vie. – Ainsi l'art est-il tantôt près de la vie, et tantôt s'en éloigne. Trop près, il y a le risque de trop d'empathie et de kitsch. Trop loin, de formalisme et de vide, ou d'amnésie. Cependant une image totalement abstraite comme celle-ci a peut-être besoin, pour être communicable, d'une mention même minimale de son point de départ, et c'est ce à quoi le photographe s'est résolu ici, dans sa dernière version.

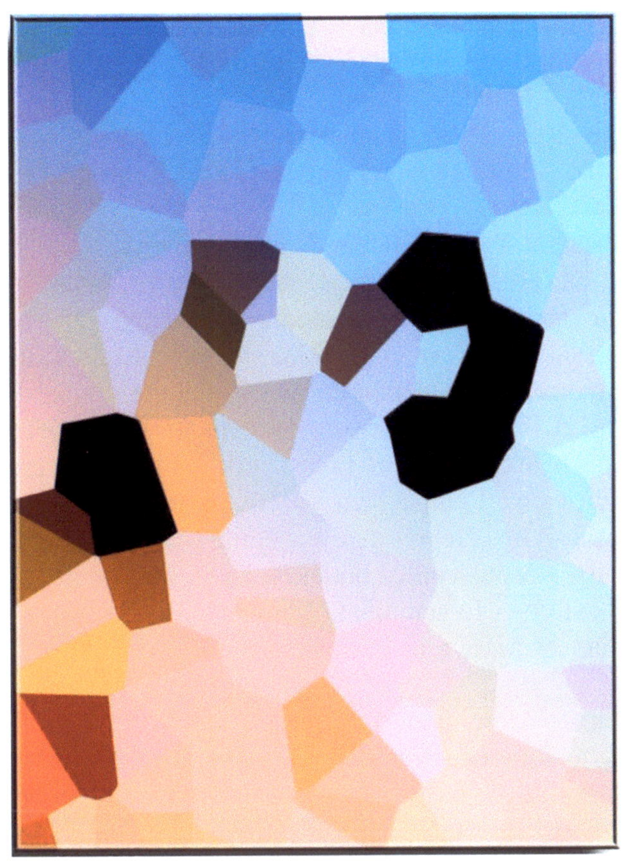

# 8. Géométrie II

PROFESSEUR (*au Photographe*) – Et maintenant, quel est le nom de ce nouveau tour de magie ?

PHOTOGRAPHE – Filtre : *Pixellisation, Cristallisation*.

ARTISTE – En tout cas, l'abstraction ici est moins réguliè-rement ou rigoureusement géométrique. Elle présente plus de fantaisie.

CANDIDE – Le résultat ressemble à un vitrail.

PROFESSEUR – Soit. Mais dites-moi, Candide, où voit-on ordinairement les vitraux ?

CANDIDE – Dans les églises, il me semble.

PROFESSEUR – Et à quoi servaient-ils ?

CANDIDE – Quelle question… À éclairer.

PROFESSEUR – Bien. Et qui servaient-ils ?

CANDIDE – Je ne comprends pas. (*Vexé*) Veuillez s'il vous plaît, préciser.

PROFESSEUR – À qui étaient dédiés ces édifices ?

PHOTOGRAPHE – Pourquoi l'imparfait ici ? Vous voulez dire aussi : à qui le sont-ils encore ?

PROFESSEUR – C'est vrai. (*Réfléchissant*) Mais mon premier mouvement de pensée avait quelque chose d'intéressant, et je veux le creuser. (*À Candide*) Ne vous faites pas plus bête que vous ne l'êtes, et il faut bien sauver notre dialogue en l'empêchant d'être caricatural. – Qui s'agissait-il de célébrer dans les églises ?

CANDIDE – Vous voulez parler de Dieu, sans doute.

PROFESSEUR – Exactement. Maintenant, si j'interrogeais directement notre ami l'Artiste, pour élever un peu le débat ?

CANDIDE – Merci pour nous…

ARTISTE – Quoi encore ?

PROFESSEUR – Pourriez-vous dire qu'une photo comme celle-ci, qui ressemble selon Candide à un vitrail, conserve encore un rapport avec un dieu quelconque, qu'elle en porte encore la trace ?

ARTISTE – Vous savez, cette question ne me préoccupe pas beaucoup.

PROFESSEUR – Je ne vous le fais pas dire…

LECTEUR (*intervenant*) – Pas sûr…

PROFESSEUR (*enchaînant*) – Mais moi elle me préoccupe. L'art a dans les plus anciennes époques été tout soumis à manifester Dieu, au moins à célébrer quelque transcendance.

CANDIDE – Le voilà qui va danser, maintenant…

LECTEUR (*en lui-même*) – Bien facile…

PROFESSEUR (*inspiré*) – Mais au service de quoi ou de qui serait un vitrail aujourd'hui ? Ce serait un vitrail sans dieu, un vitrail décoratif. À quoi se subordonnent aujourd'hui formes et couleurs ? Regardez autour de vous : il n'y a plus d'englobant, de transcendance collective, de croyance partagée fédérant les gens, cimentant leur groupe. Le nihilisme est général. *Ars finis deorum.*

CANDIDE – Parlez français, je vous prie !

PROFESSEUR – L'art est la fin des dieux. (*À l'Artiste*) Vous-même ne vous sentez-vous pas seul ?

ARTISTE – Ça dépend des fois.

PROFESSEUR (*péremptoire*) – Si, vous l'êtes. Vous le devez. Il y a une solitude absolue du créateur, qui ne peut plus se réchauffer à la foi collective. Voyez *Le Mauvais moine* de Baudelaire. Vous croyez que j'exagère ? Demandez au poète.

POÈTE (*doucement*) – *Ils reviendront, ces dieux que tu pleures toujours…*

PROFESSEUR (*décontenancé*) – Croyez-vous vraiment ? Ne pleurerez-vous donc pas vous-même sur les dieux enfuis ?

POÈTE – Enfuis, ou enfouis ?

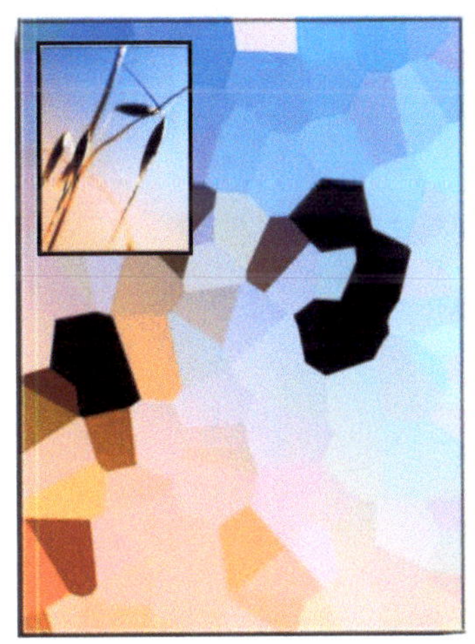

**Où l'on apprend…**

… que cette image peut être comparée à un vitrail. Or traditionnellement un vitrail, dans une cathédrale, une église, ou dans tout édifice religieux, était destiné à célébrer Dieu. Or on ne voit pas toujours à quelle Transcendance l'art aujourd'hui pourrait être subordonné. Vitrail sans Dieu, donc ? À moins de penser qu'une nouvelle Transcendance peut encore renaître. Mais si elle le fait, le fera-t-elle nécessairement sous l'ancienne forme ?

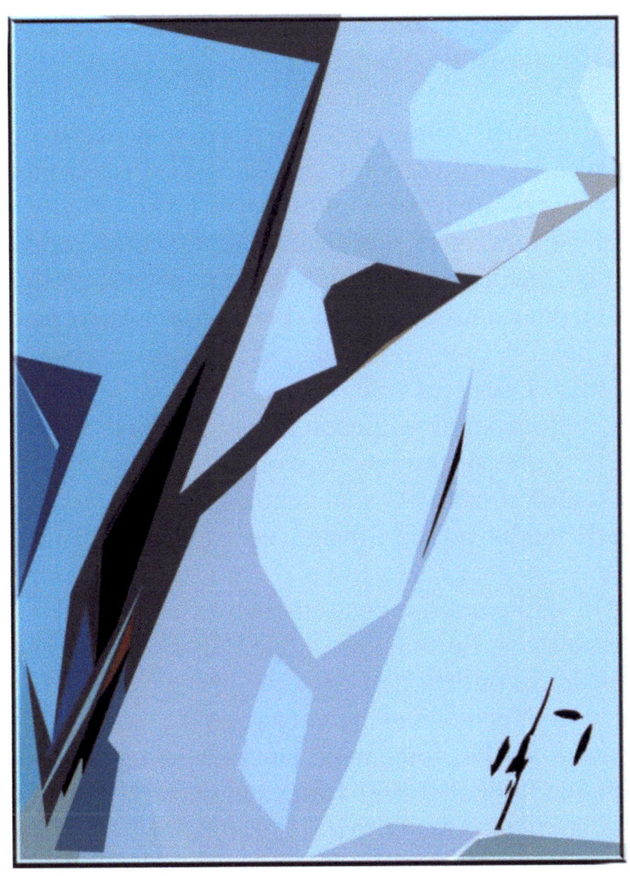

# 9. L'Appel et le Rappel

PROFESSEUR – Quel est ici le nom du procédé ?

PHOTOGRAPHE – *Découpage*. Je l'aime bien : les résultats sont assez abstraits, surtout quand on réduit le paramètre *Fidélité* au minimum.

PROFESSEUR – Effectivement, volume, modelé, dégradé qui font *tourner* la figure dans les images réalistes ont disparu.

CANDIDE (*triomphalement*) – Je vois encore la folle avoine, en bas à droite.

PHOTOGRAPHE – J'aime bien laisser ainsi des signatures, dans chacune de mes photos.

PROFESSEUR – Cette signature est le seul souvenir de l'image initiale. Autrement, les plans sont juxtaposés ou imbriqués les uns dans les autres. Si l'art est comme dit Valéry une *relation* entre un *formel* et un *significatif*, ici le formel est tout, et le significatif rien (excepté bien sûr la signature, encore figurative). Mais si nous introduisions ici l'artiste, pour nous dire ce qu'il en pense ? Aussi bien tout ici est possible, me voici magicien, et sitôt convoqués les personnages, sitôt les voici.

ARTISTE (*introduit*) – Puisqu'il est question de *Découpage*, je pense par exemple aux *papiers collés* de Matisse.

PROFESSEUR – Mais ils s'ancrent encore dans le souvenir du réel, tandis qu'ici l'image ne *rappelle* plus la folle avoine.

ARTISTE – Elle *appelle* peut-être autre chose…

PROFESSEUR – En tout cas de bien divers : c'est une cartographie très ouverte…

ARTISTE – Et cette diversité vous gêne ?

PROFESSEUR – Pas forcément, tant que demeure l'appel, la sommation. Appel à être, à quelque chose d'autre que ce qu'on voit, reconstruit par interprétation. (*À Candide*) Mon ami, quand vous voyez un nuage, vous contentez-vous de ce que vous voyez, qui charme vos yeux ou les repose, ou percevez vous autre chose, toujours changeant j'en conviens : tantôt une maison, tantôt un animal, tantôt un personnage, etc. ?

CANDIDE – Ça dépend des dispositions où je me trouve.

PROFESSEUR – Vous voulez dire de votre plus ou moins grande paresse à interpréter ?

CANDIDE – Peut-être.

PROFESSEUR – Je pourrais ici introduire un autre participant, le PSYCHOLOGUE. Il nous parlerait de la *paréidolie*, cette propension de l'esprit à reconnaître des formes anciennes dans les nouvelles. Pourtant laissons-le où il est. Qu'il est facile de faire non seulement des contes, comme dit l'autre, mais encore des dialogues ! Mais je vous en tiens quitte à tous. (*Réfléchissant*) Est-ce qu'on perçoit cette image comme simple un jeu de plans, présentés frontalement, simple champ plastique ? Ou bien autrement : reconstruit-on par exemple une perspective, une profondeur ? Donc va-t-on vers *autre chose* que ce qu'on voit ? C'était, rappelez-vous, l'opinion de Valéry : « Ce qui ne ressemble à rien n'existe pas ».

CANDIDE – Pour moi, cette opinion, je ne me la rappelle pas.

ARTISTE – Mais mon *appel* ? Mon appel à être, pour de nouvelles choses ?

PROFESSEUR – Qui dit *appel* dit *rappel*, et tout est toujours un jeu de mémoire. Si l'art, comme dit votre maître Vinci, est *chose mentale*, l'essentiel est le travail de mémoire que fait l'esprit quand il perçoit. Peut-être est-il dans notre nature de percevoir figurativement. Voyez l'évolution de votre collègue Hélion, passé de l'abstraction à la figuration, au grand dam des tenants de l'abstraction pure et dure.

PHOTOGRAPHE – Et donc si ma photo n'était perçue que comme un mur plastique, frontal, non doté de perspective et de signification ?

PROFESSEUR – Alors il y aurait *décoration*. L'art ne devient pas décoratif par le fait de décorer, mais de s'adresser exclusivement au plaisir *de l'œil*. La célèbre définition de Maurice Denis (« Un tableau, avant d'être une femme nue, une scène de bataille, un paysage, etc., est un certain nombre de couleurs sur une surface plane en un certain ordre assemblées »), s'applique au décorateur autant qu'au peintre.

ARTISTE – C'est une définition de l'art moderne.

PROFESSEUR – Précisément. Combien s'en tiennent aujourd'hui au seul plaisir rétinien ! Ils ne vont jamais au-delà de ce qu'ils voient. Art *wisiwig* (*What you see is what you get*). Écouter les visiteurs d'une exposition est instructif. Certains ne parlent que de belles couleurs, de belles formes… Si l'art n'est que formes et couleurs, singulier appauvrissement…

ARTISTE – Vous exagérez.

PROFESSEUR – À peine. C'est un trait sûr de barbarie que d'oublier la signification, la qualité humaine, le contenu de l'œuvre. Peut-être l'essentiel de l'art est-il la vision, la *Weltanschauung* qu'il y a derrière. Certains l'ont prétendu, Francastel par exemple.

ARTISTE – Mais s'il y a trop de signification ?

PROFESSEUR – Il y a didactisme, certes. Mais s'il y a perception formelle seule, il y a décoration. Danger aussi de kitsch… – La modernité de ce point de vue est un formalisme. Vous arrive-t-il de vous nommer *plasticien* ?

ARTISTE – Pourquoi pas ?

PROFESSEUR – Alors, pardonnez-moi, vous êtes le parfait type du barbare moderne. Une nativité de La Tour n'est pas qu'un tableau précubiste : c'est aussi une nativité, et qui renvoie au texte de Luc, etc.

CANDIDE – Je suis dépassé par tout cela. De toute façon ce n'est pas une raison pour insulter les gens.

PROFESSEUR (*continuant*) – Si l'esthétique est une notion moderne, la modernité aussi est entièrement une *esthétique*. Seule y compte la forme, et il y aurait beaucoup à dire là-dessus. De toute façon l'art autonome pose un problème. Cette position est au rebours de ce par quoi ce qu'on appelle *Art* a commencé : nul ne pense qu'on a peint des aurochs, dans l'art pariétal, pour des raisons esthétiques. L'image était subordonnée à plus important qu'elle, elle faisait venir la chose. Notez qu'*image* est anagramme de *magie*. (*Un temps*) En somme, à ne garder que l'appel de choses nouvelles, à oublier le rappel de choses connues, à oublier même la volonté de signifier autre chose que ce qu'on montre, on risque de se perdre.

PHOTOGRAPHE – Tout cela m'encourage, comme vous m'en avez convaincu, à maintenir à l'intérieur de chaque image la miniature de l'image initiale, ou au moins son rappel schématisé, l'essentiel étant, si je vous comprends bien, le trajet fait entre le point de départ et le point d'arrivée. Le figuratif alors reste dans l'abstrait : c'est un travail d'amnésie et de mémoire à la fois.

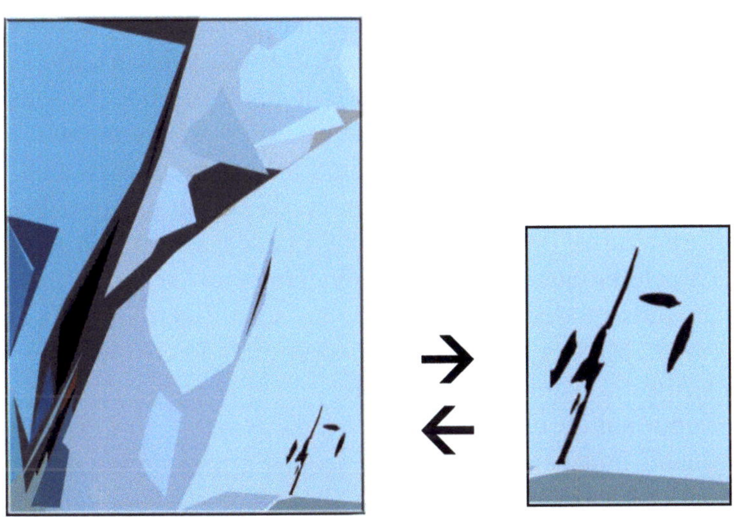

**Où l'on apprend…**

… qu'il peut être amusant de jouer formellement avec l'image, et par exemple d'aplatir tous ses plans, jusqu'à n'en montrer qu'une vision purement frontale. Cependant ce jeu est dangereux, car le travail de l'esprit est à la fois de déconstruire la vision dite réaliste à laquelle nous sommes habitués, mais aussi d'appeler à être, ensuite, une autre vision. Défaire et faire : Pénélope / Sisyphe. Et tout appel est rappel : nous percevons semble-t-il figurativement. La mémoire entre toujours en jeu. Il ne peut sans doute exister une simple musique plastique, faite de purs rythmes, formes, couleurs, etc., comme il existe une musique tout court. Si on le pense, le grand danger est la décoration : c'est un plaisir seulement rétinien, qui oublie que l'art est chose mentale, *cosa mentale*. Cet oubli, source de ce qu'on appelle l'*esthétique* (au sens étymologique de sensation), est caractéristique de l'époque moderne. En ce sens l'*art* au sens moderne, c'est-à-dire au sens d'activité autonome, n'a pas toujours existé. Autrefois la création des formes se soumettait à figurer quelque chose de plus important qu'elles : le sacré, les dieux, etc. L'*art* est né quand tout cela a disparu. Encore l'artiste de naguère pouvait-il poursuivre quelque chose, comme la matérialisation de ses rêves – ce que Malraux dans sa *Métamorphose des dieux* appelle l'*Irréel*, succédant au *Surnaturel*, ou règne des dieux. Mais quid du *plasticien* aujourd'hui ?

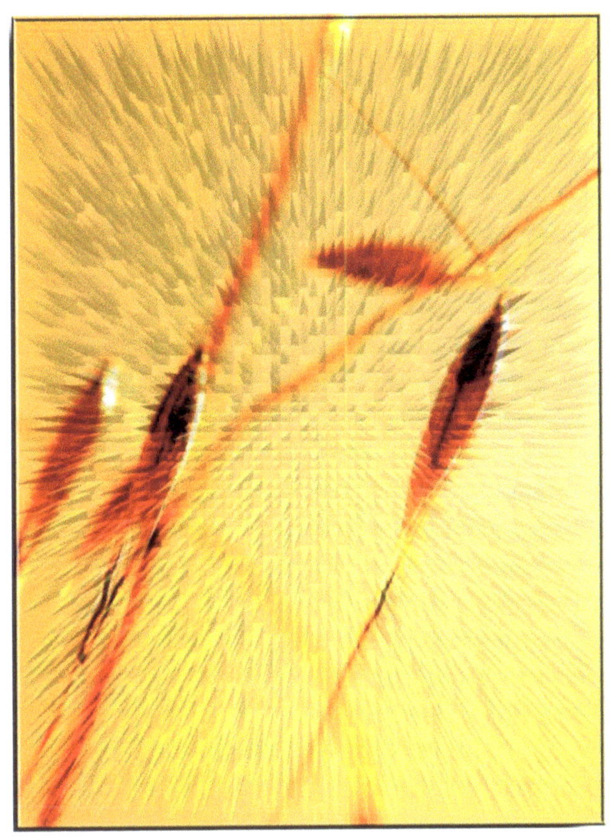

# 10. Perspectives

PHOTOGRAPHE – Le résultat m'a moi-même surpris. Autant que le nom barbare du procédé.

PROFESSEUR – Quel est-il ?

PHOTOGRAPHE – *Extrusion.* Mais qu'est-ce que cela veut dire ?

PROFESSEUR – Sortie hors de… du latin *extrudere*, pousser dehors.

CANDIDE – Encore un mot de passe pour spécialiste.

PROFESSEUR – Non pas. Il éclaire le résultat. D'où vient d'après vous la lumière dans cette image ?

CANDIDE – Ma foi, je n'en sais rien.

PROFESSEUR – Encore une fois, vous dites vrai, sans vous en douter. La lumière n'a aucun point d'origine précis dans l'image, propre à y opérer le partage ordinaire en zone claire et zone sombre. Mais par ailleurs l'image est fondamentalement lumineuse.

POÈTE – Baignée, éclaboussée, irradiée de lumière.

PHOTOGRAPHE – Elle provient pourtant du centre, il me semble.

PROFESSEUR – Juste. Mais en est-il de même avec tout ce qu'on voit d'habitude ? La lumière sort-elle, émane-t-elle ainsi des corps que nous voyons, de leur centre ? Ordinairement les objets sont éclairés avec une source lumineuse bien assignable, et une ombre nette et orientée provient de cette rencontre. Rien de tel ici il me semble.

CANDIDE (*haussant les épaules*) – Parce qu'ici c'est truqué.

PHOTOGRAPHE (*vexé*) – Expressif plutôt.

PROFESSEUR – Soit. Mais qu'est-ce qui est exprimé ?

PHOTOGRAPHE – Une explosion ?

POÈTE – Plutôt une apocalypse, une révélation.

PROFESSEUR – Tout cela est possible. Mais prenez garde à ne pas outrepasser l'image, ses constituants, ses propositions : aller au-delà est aussi dangereux que de rester en-deçà.

TOUS – Alors quoi ?

PROFESSEUR – Avec lumière et perspective, on reste sur un terrain sûr. Et quelle est-elle ici, la perspective ?

CANDIDE – Il me semble qu'elle vient vers moi.

PHOTOGRAPHE – Elle diverge.

PROFESSEUR – C'est vrai. Et si maintenant on se représente mentalement les tableaux renaissants et post-renaissants, on voit que la perspective converge au contraire, qu'elle troue la toile…

POÈTE (à CANDIDE) – Au figuré, bien sûr.

PROFESSEUR – En sorte que le spectateur s'immobilise dans une attitude d'espion, ou d'épieur, d'une scène qu'il surprendrait à l'improviste, et qui ne lui est pas forcément destinée.

PHOTOGRAPHE – Vous voulez dire qu'il est un voyeur ?

PROFESSEUR – Pourquoi pas ? Mais ici, au contraire, la scène éclate vers lui, et l'éclabousse comme a dit si bien tout à l'heure notre poète. La perspective s'inversant, l'image s'adresse en quelque sorte à nous, nous invite, au lieu de nous convier à observer choses et gens en indiscrets, sans invitation. C'est un autre monde…

POÈTE – Et à quoi le compareriez-vous, dans le monde de la peinture ?

PROFESSEUR – Dites-moi plutôt, cher poète, à quoi vous compareriez cette lumière, puisqu'aussi bien c'est votre fonction de comparer.

POÈTE – Je ne sais pas, moi. Elle est dorée…

PROFESSEUR – Il suffit. Vous avez trouvé le *fond d'or*, et de là vous irez, avec un peu de culture…

CANDIDE – Pas trop j'espère tout de même.

PROFESSEUR – … à l'icône…

PHOTOGRAPHE (à CANDIDE) – … qui n'est pas seulement une petite image sur un écran d'ordinateur.

POÈTE – Vous voulez dire une image sacrée.

PROFESSEUR – Lumineuse et numineuse aussi. Elle s'adresse à nous comme la figure de l'icône, visant le centre de nous-mêmes, appel à fournir une réponse personnelle et intime, rien n'existant en fond de scène pour distraire le regard. Le ciel, le bleu, le pourraient, même si c'est pour nous pousser, comme vous le faites si souvent sur les ailes de la poésie, à l'assaut du rêve. (*Rêveur*) Et peut-être n'existez-vous vous-même qu'avec le fond bleu, non encore avec le fond d'or. Peut-être incarnant le poète ne datez-vous chez nous que de la Renaissance, qui a tué l'icône… Ni poésie ni art n'existent dans le monde du sacré, de la présence indubitable des dieux.

POÈTE – On le dit. Je l'ai cru. Mais maintenant je n'en suis pas sûr. Il y a plusieurs visages de la foi. Et aussi il y a des mirages dorés qui sont bel et bien poétiques. L'hiératisme ne me déplaît pas. La magie s'unit à la circonstance. Voyez Klimt, qui unit les deux mondes, dans son *Baiser* par exemple : les visages tournent en volume, avec modelé et dégradé, tandis que les corps, plutôt les habits, ont une splendeur frontale qui s'y oppose.

PROFESSEUR – Éclectisme…

CANDIDE – On en vient aux grands mots. Les voilà qui s'insultent.

PHOTOGRAPHE – Donc cette image est bien éloignée de la folle avoine par beau temps et ciel bleu, que j'ai vue.

PROFESSEUR – Elle est son exact opposé.

POÈTE – Plutôt son parfait complément.

**Où l'on apprend :**

… qu'il y a deux manières de figurer lumière et perspective. Soit la lumière vient de l'extérieur, et se manifeste dans l'image au moyen des ombres portées, qui en laissent deviner la source. C'est le cas de la figuration naturaliste post-renaissante. Dans ce cas nous contemplons une scène de l'extérieur, sans forcément y être invité. Soit au contraire la lumière est intérieure, et semble jaillir du centre de l'image, la perspective s'inversant alors, semblant venir vers nous. C'est le cas de l'icône, demeurée hiératique avec son fond d'or, avant que le fond bleu chez nous ne le détrône. Ce dernier est plus propice au rêve, à l'imaginaire, mais aussi au décentrement de l'être, projeté à l'extérieur de lui-même. Le problème est de savoir si ces deux modes de figuration et d'appréhension du monde peuvent se trouver dans la même œuvre.

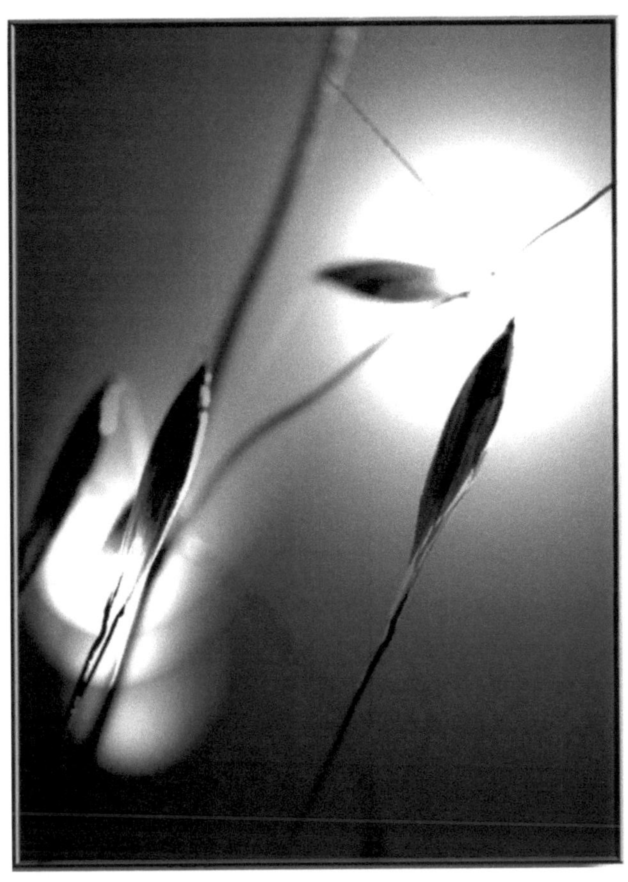

# 11. Éclairage nocturne

CANDIDE – Encore un trucage.

PHOTOGRAPHE – Une mise en scène.

PROFESSEUR – Une représentation, dans tous les sens du mot : théâtral, visuel, et mental.

POÈTE – Un oxymore : c'est la lumière de la nuit.

CANDIDE – *Dans* la nuit.

PROFESSEUR (*aux deux précédents*) – Si vous disiez : lumière *et* nuit, vous pourriez faire un *hendiadyin*, pour dire en réalité : lumière *de* la nuit. Tout dépend si vous vous contentez de percevoir de manière errante, par juxtaposition, c'est-à-dire de façon purement sensible, ou si votre esprit à partir de là se croit obligé de conclure à une subordination.

PHOTOGRAPHE (*découragé*) – On ne peut changer les gens, pas plus que leur mode de percevoir.

PROFESSEUR – Soit : laissons donc maintenant cela. – Donc, monsieur le Photographe, vous décidâtes de rendre nocturne une image diurne.

PHOTOGRAPHE – Oui, monsieur le Professeur, c'est ce que je fis.

PROFESSEUR – Sérieusement, pensez-vous que l'art ait toujours représenté la nuit ?

PHOTOGRAPHE – Ma foi, je n'en sais rien. Tout ce que je sais d'une telle représentation, c'est qu'elle exige des poses longues, et des sensibilités de pellicule élevées. Heureusement qu'il y a maintenant le traitement numérique, le travail de postproduction, qui est le lifting de l'image après coup.

PROFESSEUR – *Post eventum.*

PHOTOGRAPHE – Pédantisme ! Je vous ignore superbement…

PROFESSEUR – Faisons la paix. Savez-vous que la nuit n'a été représentée que récemment dans l'art occidental : avec Caravage, La Tour, Rembrandt ?

POÈTE – Mais Vinci, et les Vénitiens ?

PROFESSEUR – Ils ont plutôt figuré le crépuscule que la nuit. La vraie nuit, avec en son sein de violents contrastes d'ombre et de lumière, ne date à peu près que de Caravage. Vinci par exemple trouvait vulgaire l'ombre portée, il n'admettait que l'ombre jointe, qui était un moyen pour lui de poétiser la figure, par un effet de flou ou de *fading*. Ces ombres qui s'allongent nettement au sol, comme il peut s'en voir dans les tableaux de Chirico, Vinci les eût trouvées triviales.

POÈTE – D'ou vient alors qu'on se soit avisé représenter des scènes vraiment nocturnes ?

PROFESSEUR – De l'observation d'abord, de l'intérêt porté aux choses du monde et aux événements ordinaires de la vision : la nuit n'y pouvait plus être exclue. Et ensuite d'un désir d'expression : en l'occurrence de dramatisation. (Au PHOTOGRAPHE) Votre image est d'orientation expressionniste, comme le cinéma du même nom. (*Un temps*) On pourrait donc s'en tenir là…

CANDIDE – Oh oui…

PROFESSEUR – Mais j'ai envie d'enrichir encore la perception de cette image, en la comparant à l'image-icône déjà vue, car le sens d'une image s'accroît considérablement de la confrontation avec d'autres. Aussi, malgré les signes de dénégation de Candide, je convoque ici, toujours pour les besoins de ma cause, mon ami le théologien.

THÉOLOGIEN (*convoqué pour les besoins de la cause*) – Me voici.

PROFESSEUR – Dites-nous donc ce qu'il en est de la lumière dans la Bible.

THÉOLOGIEN – Quand Dieu dit au début de la Genèse : *Que la lumière soit !*, ce n'est point de la lumière que nos yeux voient qu'il s'agit, avec une origine ou une source assignable, puisque soleil et lune ne sont créés que bien après.

PROFESSEUR – En tant que sources extérieures de lumière.

THÉOLOGIEN –Ils sont des luminaires. Le latin de la Vulgate a bien *luminaria*, qui vient de *lumen*, et *lumen* est une lumière dont on sait d'où elle vient, comme un flambeau ou une lanterne, à la différence de *Lux*, qui figure dans la parole inaugurale de Dieu : *Fiat Lux !*

PROFESSEUR – En sorte que cette dernière est…

THÉOLOGIEN – Purement intérieure, ou mentale.

PROFESSEUR – Diriez-vous que c'est celle-là même qui émane de l'icône ?

THÉOLOGIEN – Peut-être. Mais cela excède ma spécialité.

POÈTE – Cela me séduit bien, moi dont la spécialité est l'analogie.

PROFESSEUR – De ce point de vue l'image nocturne viderait l'image-icône de tout son sacré, en la faisant tomber dans la circonstance, celle des accidents extérieurs de la vision : elle en serait la profanation… (*Un temps*). Maintenant, monsieur le théologien, dites-nous s'il est dans la Bible question d'un combat entre l'ombre et la lumière ?

THÉOLOGIEN – Bien sûr : dans le prologue de l'évangile de Jean. La lumière luit dans les ténèbres, et les ténèbres ne l'ont pas…

PROFESSEUR – comprise…

THÉOLOGIEN – ou arrêtée, immobilisée. *Saisie* conviendrait bien pour rendre le sens double du *katelaben* grec.

PHOTOGRAPHE – Candide s'est endormi.

PROFESSEUR – Cette ambiguïté est admirable, et justifie à la fois le drame de cette image, où la lumière lutte avec l'ombre, et la victoire sans conteste de la lumière dans l'autre, la précédente, celle que vous voyez encore ci-dessous, à côté de son opposée. Vision tragique et vision mystique s'affrontent.

THÉOLOGIEN – On pourrait parler aussi de la nuit qui suit la crucifixion, où certains ont vu une éclipse de soleil…

PROFESSEUR – Cela suffira. Au demeurant nos pages sont pleines. Remercions le photographe d'avoir, sans doute à son insu, tout incarné.

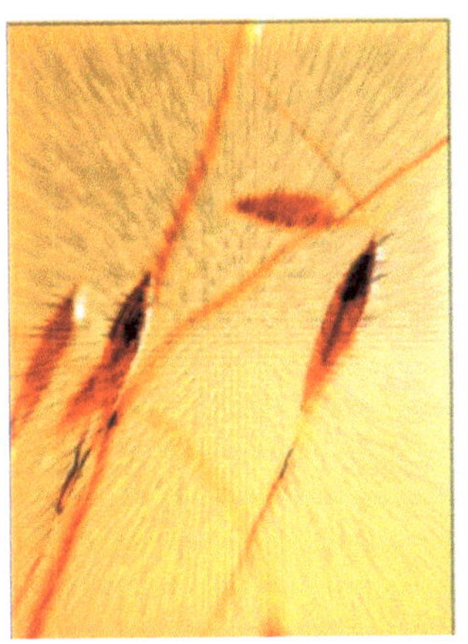 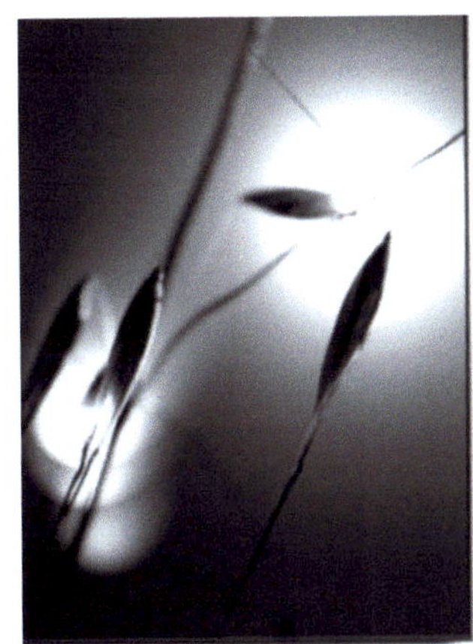

## Où l'on apprend…

… que cette deuxième version, représentant la lutte de la lumière et de l'ombre, s'oppose absolument à la version précédente, où la lumière semblait sortir de l'image et irradier toute la scène. L'observation des choses, où effectivement la lumière visible sur les objets crée automatiquement les zones d'ombre sur lesquelles ils se découpent, a remplacé l'évidence intérieure d'une lumière qui n'est pas celle que nos yeux voient. Dans ce type de représentation, comme toujours on gagne et on perd : on gagne la dramatisation, la lutte, l'affrontement, peut-être aussi la force de l'expression. Mais on perd la calme sécurisation procurée par la vision intérieure, celle du cœur.

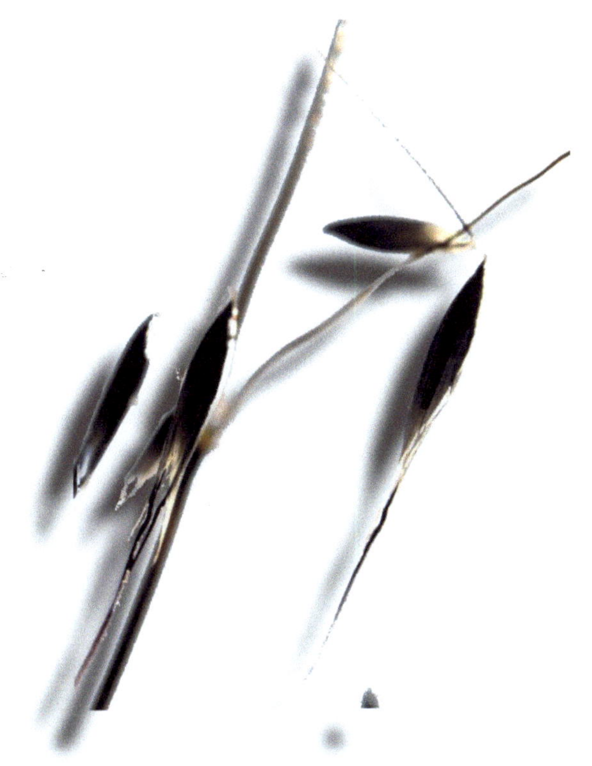

# 12. Trompe-l'œil

PROFESSEUR – Et ici, qu'avez-vous fait ?

PHOTOGRAPHE – J'ai utilisé la *gomme magique*, pour supprimer tout le fond.

PROFESSEUR – Et ainsi vous avez décontextualisé, arraché le sujet à son milieu.

CANDIDE – Cela ressemble à une fleur séchée sur son herbier, ou à un papillon piqué sur son liège…

PROFESSEUR – Effectivement c'est ce que font les entomologistes. Mais alors, cher Candide, que ressentez-vous devant cette version ?

CANDIDE – C'est comme si on voyait la chose même. On a peut-être envie de toucher…

PHOTOGRAPHE – C'est sans doute grâce à l'ombre, que j'ai ajoutée, comme contour de calque.

PROFESSEUR – On appelle cette illusion le *trompe-l'œil*. Beaucoup s'y laissent prendre, et l'aiment.

CANDIDE – Mais il me semble que cela se comprend.

PHOTOGRAPHE – D'ailleurs toutes les publicités des appareils photo vantent la proximité des résultats qu'ils peuvent atteindre avec la vie, leur réalisme : *real life, true life*.

PROFESSEUR – Mais vous, vous ne vous y laissez pas prendre.

PHOTOGRAPHE – Bien sûr que non. Sinon, à quoi servirais-je ?

PROFESSEUR – Évidemment. (*Un temps*) Le trompe-l'œil est vain chez Pascal : « Quelle vanité, dit-il, que la peinture qui attire l'admiration par la ressemblance des choses dont on n'admire pas les originaux ». Notez ici la ponctuation, qui peut donner un sens tout différent selon qu'on met une virgule après *peinture*, ou pas. Si on en met une, c'est toute la peinture qui est condamnée. Si non, c'est seulement la peinture illusionniste, la peinture du trompe-l'œil. La ponctuation, toujours en pensant à Pascal, est un *nez de Cléopâtre*…

CANDIDE – Pitié pour mon ignorance !

PROFESSEUR – Avez-vous entendu parler d'Appelle et de Zeuxis ?

CANDIDE – Ne m'accablez pas !

PROFESSEUR – C'étaient deux peintres de l'Antiquité, en constante rivalité. Ils firent un jour un concours de trompe-l'œil. L'un peignit des raisins que venaient picorer les oiseaux, l'autre une mouche, qu'un spectateur du tableau voulut chasser. Lequel, d'après vous, gagna dans ce con-cours ?

CANDIDE – Mais je n'en sais rien…

PROFESSEUR – Et vous avez raison, car ce combat était totalement vain. (*Au photographe*) C'est pourquoi on peut, il me semble, dynamiter cette fonction qui se veut repro-ductrice à l'identique, et non représentatrice, de l'art en accentuant maximalement la ressemblance. C'est peut-être ce que vous avez fait ici, à l'exemple aussi de Magritte, qui peint une pipe en un parfait trompe-l'œil, et inscrit en dessous : *Ceci n'est pas une pipe*. Évidemment, puisque ce n'en est que la représentation.

PHOTOGRAPHE – Je vous avoue que quand j'ai expérimen-té ma suppression du fond, je ne pensais pas à tout cela.

PROFESSEUR – Mais maintenant vous pourriez le faire. Pourquoi ne pas mettre ici, en légende : *Ceci n'est pas une folle avoine* ? La légende détruirait cette ambition toujours latente de l'image : la reproduction.

PHOTOGRAPHE – J'y penserai.

---

**Où l'on apprend…**

… qu'une image n'est jamais la chose elle-même, sa reproduction. Elle n'en est que sa représentation. On peut souligner cette évidence en la figurant avec la plus d'« exactitude » possible, et en mettant une légende qui détruirait l'illusion. On retrouve les conclusions suggé-rées à la fin du premier chapitre de ce livre : *Ce que c'est…*

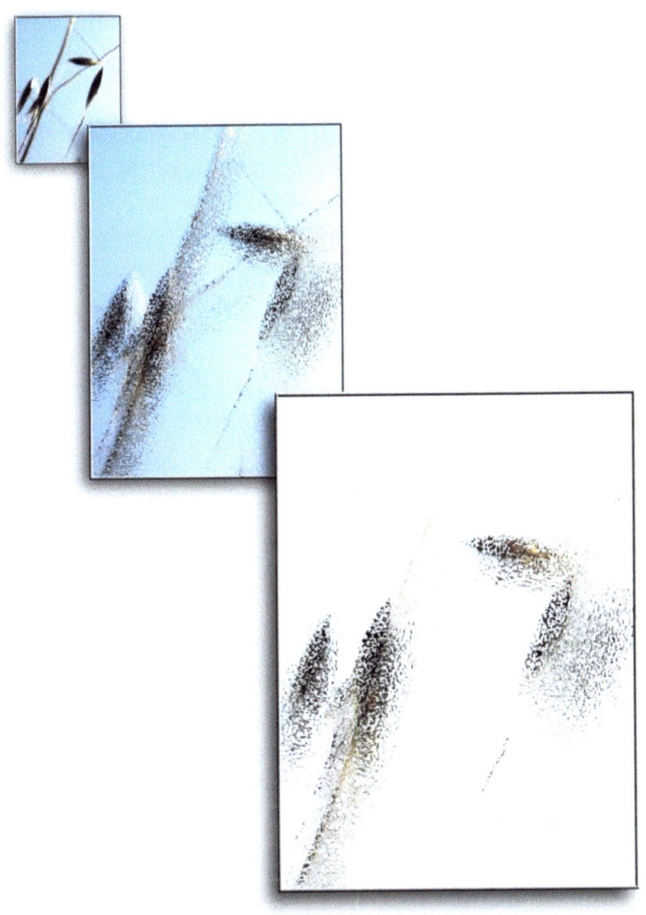

# 13. Effacements

PHOTOGRAPHE – Vous voyez ici des degrés, ou des phases successives, dans l'effacement progressif d'une photo. D'abord elle se liquéfie, puis se réduit à de simples traces ou empreintes. Le filtre employé à partir de la seconde image est : *Océan*.

CANDIDE – Pourquoi ainsi détruire la première image ? Elle me plaisait bien à moi, comme à beaucoup je pense.

ARTISTE – Mais moi au contraire j'aime bien cette suppression, cet allègement.

POÈTE – Comme en montgolfière, il faut jeter du lest pour s'élever. (*Un temps*) Et dans la vie aussi d'ailleurs…

CANDIDE – Mais dans la dernière image, on ne reconnaît plus la première.

PHOTOGRAPHE – C'est pourquoi je l'ai laissée, au départ, pour qu'on voie l'étendue du trajet.

TOUS – Mais il nous manque le sens de tout cela. Et si nous retournions à l'école, appelions le Professeur ?

PROFESSEUR – Me voici. C'est si rare d'être désiré…

TOUS – Apprenez-nous donc ce que nous devons voir ici.

PROFESSEUR – Plutôt je vous montrerai ce que vous savez déjà. (*Un temps*) Voici. Nous allons jouer à un nouveau jeu, qui s'appelle : *À qui perd gagne.*

CANDIDE – Ce serait bien la première fois qu'il m'amuserait.

PROFESSEUR – À effacer l'image réaliste, on perd la proximité et la possibilité de projection identificatrice et identifiante : l'*Einfühlung*. Il y a un double sens au mot français *reconnaissance*, qui veut dire à la fois *identification* et *remerciement*. C'est ce qu'incarne la première photo. Elle montre que l'art parfois peut être près du monde, et près de la vie. C'est pourquoi d'ailleurs elle plaît à Candide, qui la reconnaît et dans le fond de lui-même la remercie. Bien entendu, quand je parle de la vie, je parle de la vie ordinaire.

CANDIDE – Je savais bien qu'il me rabaisserait.

PROFESSEUR – Mais pas du tout. Votre choix est un des pôles de l'art.

ARTISTE – Et l'autre ?

PROFESSEUR – L'autre, celui que vous-même aimez particulièrement, en bon esthète, joue sur la suppression. En art tout ce qui est ellipse, suggestion est souvent préférable à l'exhaustivité. Le regard oblique ou biaisé aussi, par rapport au regard frontal. Je vais citer Emily Dickinson, et ne vous moquez pas ici de mon mauvais accent : *Tell all the truth, but tell it slant* (Dites tout le vrai, mais de façon oblique). (*Au poète*) Vous-même, homme des mots, savez bien que le texte par exemple doit être une *jupe fendue*. Il faut laisser deviner les choses. Comment dit Char par exemple, votre collègue ?

POÈTE – *Le poète doit laisser des traces, non des preuves. Seules les traces font rêver.*

ARTISTE – Ici ces traces sont des effets quasi tangibles de matière.

PHOTOGRAPHE – On peut même zoomer dessus…

PROFESSEUR – Tout cela est vrai. – Mais pourquoi certains préfèrent-ils ce choix ? Parce que le récepteur ainsi est plus actif. Il faut lui laisser l'impression qu'il crée lui aussi, qu'il co-crée avec l'artiste. Ainsi peut-il non pas assister passivement *à* un spectacle, mais assister *celui* qui crée, comme on assiste le célébrant à une cérémonie, selon la formule de Georges Duthuit, quand il oppose l'*art-théâtre* à l'*art-cérémonie*. Ce que vous voyez dans la dernière version, c'est ce qu'il appelait le *Feu des Signes*. (*Un temps*) Cela vaut de la peinture comme de la poésie : comme le spectateur d'un tableau abstrait, ou pré-abstrait (je pense ici à certains Manet), le lecteur de Mallarmé, par exemple, est associé à l'activité du poète, par le travail d'interprétation qu'il est obligé de faire. (*À Candide*) Ainsi voyez-vous que l'art n'est pas toujours si près de la vie que cela… – Mais comme je vois venir notre ami philosophe, je pense que nous pourrions lui demander son avis là-dessus.

PHILOSOPHE (*que l'on voit venir*) – Certes d'un point de vue philosophique ou métaphysique, nos plus profonds regards sont pour le vide. On a souvent dit que le blanc de la page, de la toile, sont plus importants que tout texte, tout tableau. Ainsi toute œuvre n'est que le regret de l'indistinction qui la précède, tout choix le meurtre des possibles qui n'ont pas été choisis, et on peut menacer quelqu'un de la réalisation de ce qu'il souhaite le plus profondément : attention donc à la façon de formuler nos vœux ! Aussi dans la vie tout n'est-il que *maya*, apparence changeante, et les péripéties du film n'altèrent en rien le blanc de l'écran, une fois la lumière rallumée. – Mais enfin le poète dit mieux que moi, ici. Aussi bien a-t-il été question déjà de Mallarmé. Saluons donc son *Salut*.

POÈTE – *Solitude, récif, étoile / À n'importe ce qui valut / Le blanc souci de notre toile.*

PHILOSOPHE – Toute la vie en effet est là-dedans : dans ces trois premiers mots, les seuls qui comptent. Puis vient leur résorption finale dans le blanc : le *Grand Blanc…*

PROFESSEUR – Mais comme le poète a tout de même été obligé de nommer explicitement ces trois mots, je pense que le photographe a eu raison de laisser l'image de départ. Il faut un toujours un repère pour mesurer son essentielle insuffisance. Voyez dans *Art* de Yasmina Reza la problématique du *tableau blanc*. Ou encore l'éloge d'Arcimboldo, peintre de la réalité, à la fin d'*Ici* de Nathalie Sarraute. On a besoin du pôle réaliste pour mesurer le pouvoir de l'allègement ou du dégagement, de l'abstraction. Loin du rivage, on risque de se noyer : sans doute faut-il encore s'en souvenir, ne serait-ce que pour communiquer le chemin que l'on a fait. (*Un temps*) Maintenant, pourriez-vous, cher Photographe, nous montrer tout ce trajet en une seule image ?

PHOTOGRAPHE – Eh bien voici. Comme je ne puis, ainsi que le cinéaste ou le vidéaste, montrer le passage, la transition, mon art n'étant point du temps mais de l'espace, je ne peux faire autrement que d'insérer dans l'image d'arrivée l'image de départ.

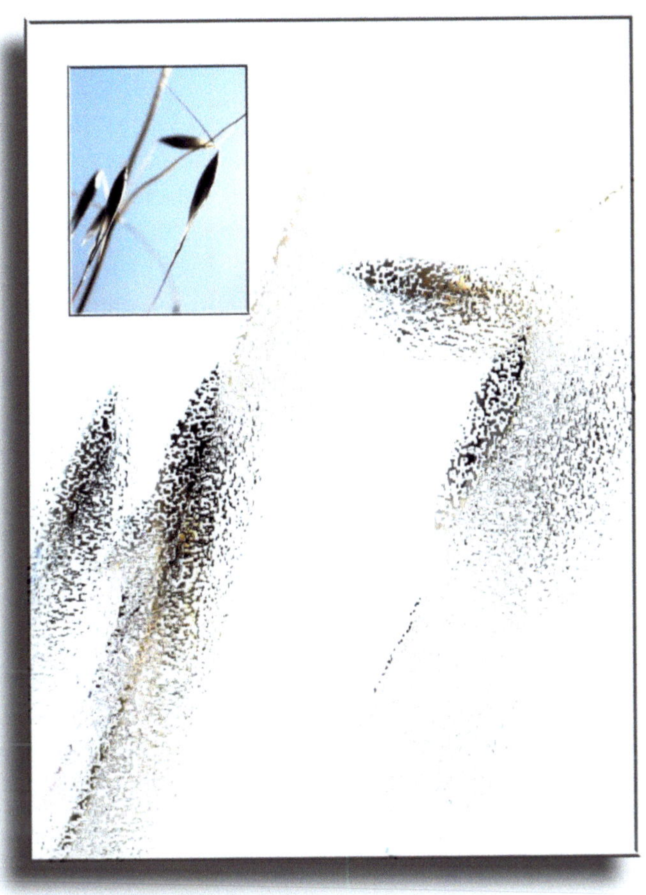

.../...

**Où l'on apprend…**

… qu'on peut voir des degrés ou gradations dans les effacements (dans tous les sens du mot). À la fin, d'une image peut subsister seule la trace ou l'empreinte, mais qui a besoin de l'image initiale (encore insérée dans la version finale) pour être comprise. – À effacer l'image réaliste, on perd et on gagne. On perd la proximité et la possibilité de projection, la *reconnaissance* au double sens du mot : identification et remerciement. Certes l'art parfois peut être près du monde, et près de la vie (ordinaire). Mais aussi, on gagne à supprimer, et parfois énormément. Tout ce qui est ellipse, suggestion est souvent préférable à l'exhaustivité : moins donne plus. Pourquoi ? Parce que le récepteur, spectateur de l'image, ou lecteur de l'œuvre, doit lui-même combler les vides, les manques. Il est rendu plus actif, et co-crée avec celui qu'on appelle commodément l'*auteur*. Ainsi l'art, s'il est parfois près de la vie, peut être aussi loin de la vie. Opposer à cet égard *Les Fenêtres* et *L'Étranger*, de Baudelaire dans ses *Petits poèmes en prose*. – Enfin, si rien ne vaut le *vide*, comme dit aussi Lao-Tseu dans son *Tao-te-King* (« La grande image n'a pas de forme »), l'image de départ ou réaliste, qui semble contenir le *plein* du monde, est nécessaire à montrer, ne serait-ce que pour qu'on puisse mesurer sa propre insuffisance.

**Exercice :** Effacement progressif d'une image. *Fading*. On perd. Mais aussi toutes les pertes sont des *gains*. Voir lesquels.

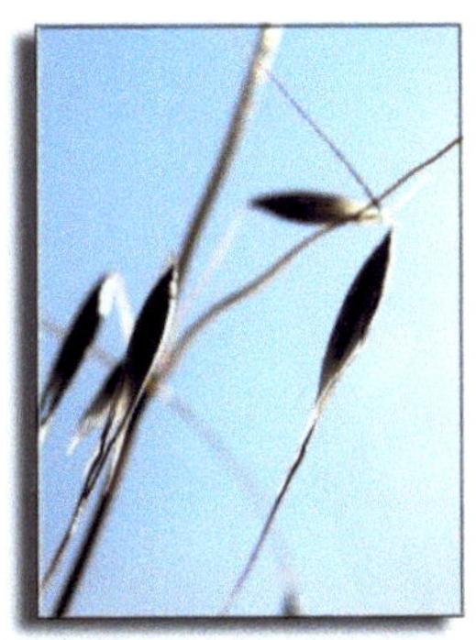 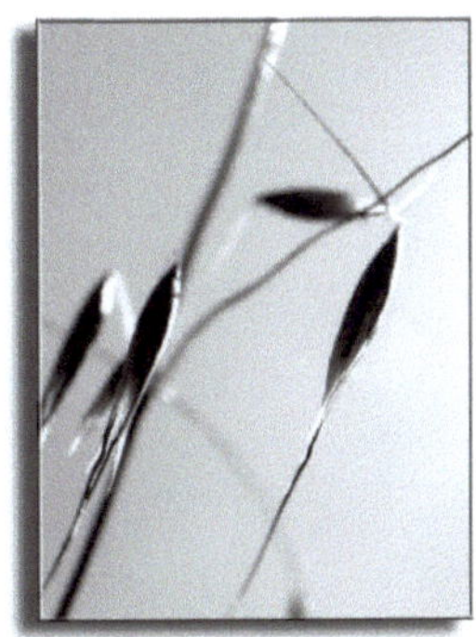

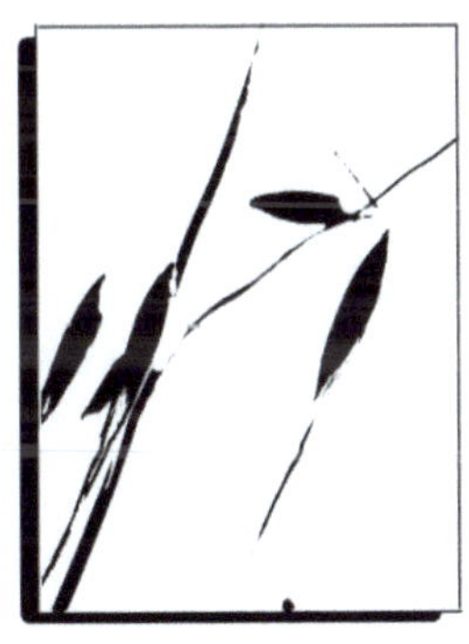 

# *Rébus*

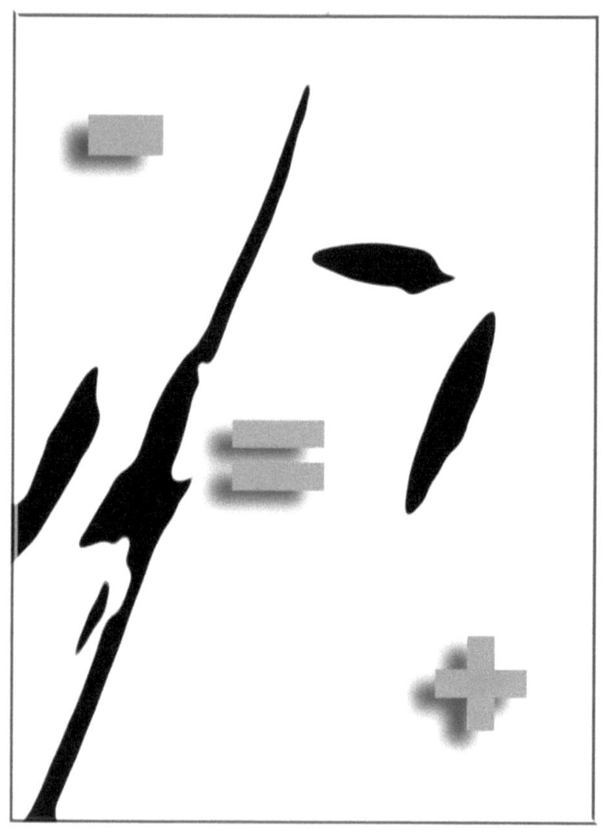

Solution :

Moins égale plus

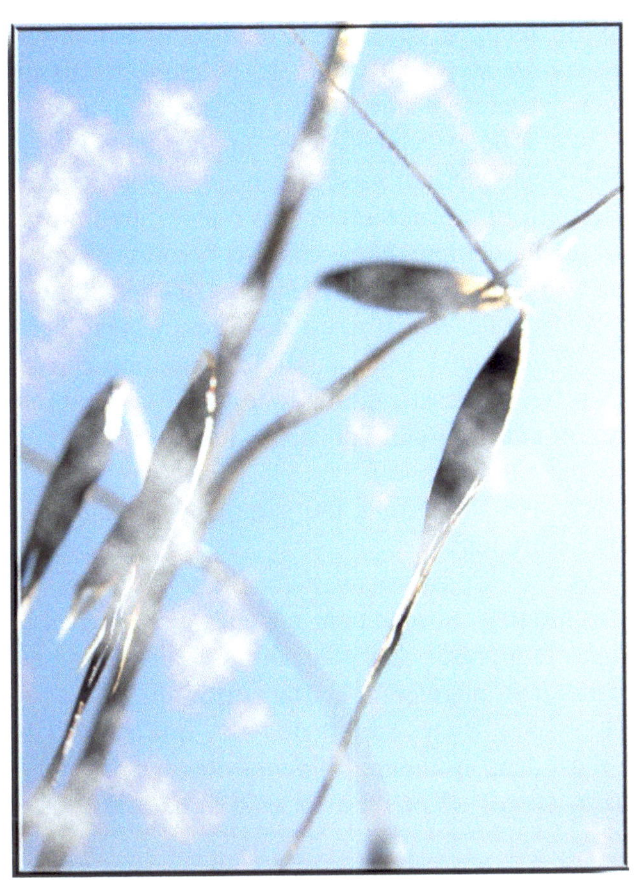

# 14. Nuages

PROFESSEUR – Évidemment, je suppose qu'il n'y avait pas de nuages lors de la prise de vue ?

PHOTOGRAPHE (*souriant*) – Bien sûr que non. Ils sont créés après, par logiciel, avec le filtre : *Nuages*.

ARTISTE – L'effet produit est intéressant, encore qu'on puisse y voir, plutôt que des nuages, des flocons de neige…

PROFESSEUR (*professant*) – C'est à l'époque baroque en Occident qu'on a commencé à ennuager les figures, au moins de façon à peu près « réaliste ». Les progrès de l'*observation* se voient dans la peinture renaissante et post-renaissante. Jusque là la représentation était seulement symbolique, c'est-à-dire intellectuelle. En même temps le geste pictural s'est affirmé, et ensemble l'autonomie de l'art. Si on *zoomait* sur les nuages, on irait vers les signes purs, comme chez certains peintres impressionnistes. Voyez là-dessus les *Principes fondamentaux d'histoire de l'art*, de Wölfflin, au chapitre « Linéaire et pictural »… (*Un temps*) Mais aussi la figuration des nuages avait un but expressif, dramatique. Si on assombrissait la figure, on aurait le ciel apocalyptique des crucifixions du Greco, par exemple.

PHOTOGRAPHE – La voici, tout simplement, visible à la fin de notre entretien.

PROFESSEUR – Comment avez-vous fait ?

PHOTOGRAPHE – Simplement en faisant : *Nouveau calque de réglage, Inverser*. On pourrait aussi alors augmenter le contraste, pour augmenter la dramatisation…

PROFESSEUR – Bien… Mais je vois que notre Candide rêve, il est dans les nuages, il ne les observe pas.

CANDIDE (*vexé*) – Vous n'avez qu'à dire, et je vous répondrai.

PROFESSEUR – Bien. Voyez-vous quelque chose d'anormal dans les nuages, surtout de la première photo ?

CANDIDE – À y bien regarder, peut-être. Mais je ne sais pas exactement quoi.

PROFESSEUR – Regardez attentivement : qu'en est-il de l'échelonnement des plans ?

ARTISTE – Moi, je vois.

CANDIDE – Et moi, pas bien.

PROFESSEUR – Les nuages sont-ils derrière le premier plan, comme on s'attendrait à les y trouver ?

CANDIDE – Non, ils sont devant.

PROFESSEUR – Donc ils se fondent dans la folle avoine. Le ciel, le fond, et le premier plan s'interpénètrent. Ils échangent leurs positions respectives, si vous voulez.

PHOTOGRAPHE – Cela est dû au mode de fusion particulier du calque, qui est ici : *Éclaircir*.

PROFESSEUR – Restons donc dans les fusions. L'effet produit ici est du même type, un mélange, et l'impression est celle d'une essentielle porosité des éléments.

ARTISTE – Comme dans certains tableaux surréalistes, de Magritte par exemple. Le nuage peut entrer dans la pièce, se coller en quelque sorte sur la fenêtre, etc.

PROFESSEUR – Exactement. Il y a donc une proximité animée des choses. (*À Candide, qui rêvasse*) Qu'est-ce que je viens de dire ?

CANDIDE – Je ne sais pas : proximité, choses animées…

PROFESSEUR – Vous voyez, vous ne suivez pas. La preuve c'est que vous dites dans un ordre logique ce que j'ai dit, moi, de façon fondue. J'ai dit exactement : *une proximité animée des choses*, et vous avez restitué : *une proximité des choses animées*.

CANDIDE – C'est pareil.

PROFESSEUR – Non, c'est plus expressif, car plus immédiat, plus sensible. (*Un temps*) Cette anticipation du qualifiant s'appelle une *hypallage*, d'un mot grec qui veut dire *échange*. Comme toute figure du langage, elle n'est en aucune façon un ornement ajouté après au discours logique, pour l'enjoliver, mais elle répond à ce que fait la perception, saisie à sa racine.

CANDIDE – Je ne vois pas pour moi le rapport avec cette photo et ses nuages.

PROFESSEUR – Et si elle était une hypallage plastique, les nuages cessant d'appartenir au fond, le ciel, et se fondant avec le sujet du premier plan, la folle avoine ? Comme si on disait, de façon immédiate et sensible : des *épis de nuages*, au lieu de des *épis se découpant sur fond de nuages*, qui serait une vision strictement intellectuelle…

POÈTE (*intervenant*) – Moi, j'ajouterais encore *bleus*, venant du ciel du fond, pour fondre encore davantage la vision, augmenter la synesthésie : *de bleus épis de nuages…*

PROFESSEUR – Ainsi perspective et profondeur, qui sont choses sues, disparaissent au profit de ce qui est immédiatement vu. Les nuages sont, non *derrière* les épis, cela c'est ce qu'on sait, mais *sur* les épis, cela c'est ce qu'on voit. La vision est frontale, bidimensionnelle. Ne vous arrive-t-il pas de tendre la main pour attraper la lune ?

CANDIDE – Heureusement plus. C'était bon quand j'étais petit…

PROFESSEUR – Mais c'est peut-être dommage encore maintenant. Tenez, je crois bien que le poète le fait encore.

POÈTE – Mais bien sûr. *C'était dans la nuit brune / Sur le clocher jauni / La lune / Comme un point sur un i.*

CANDIDE – Je ne vous ai jamais fait, moi, de demande savante d'hypallages…

PROFESSEUR ET POÈTE – Ou de *demande d'hypallage savante* ? Attention, vous pouvez en faire vous aussi, comme nous tous, sans aucunement vous en douter. Et n'ayez pas peur : ce n'est pas une maladie grave !

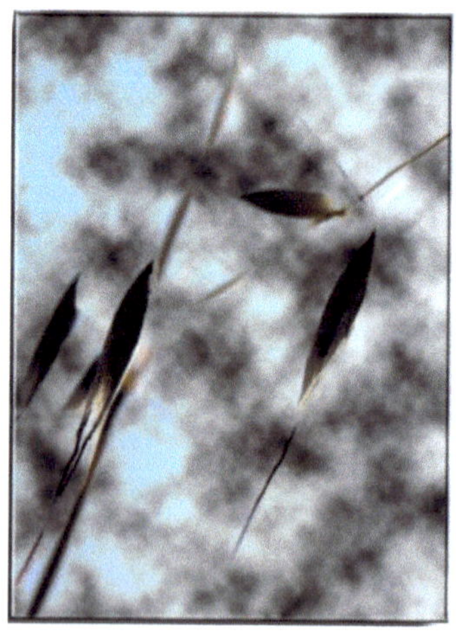

**Où l'on apprend…**

… qu'on peut dans les images, par exemple en post-production numérique par superposition de calques, en faire d'autres toutes nouvelles. Ici, grâce aux modes de fusion, on a pu intervertir les plans, rapprocher le lointain, éloigner le proche. Ce processus anticipatif, valorisant à l'inverse de l'usage habituel un élément par rapport à l'autre, est l'exact équivalent de l'*hypallage* dans le texte. C'est un procédé éminemment expressif. On en fait constamment quand on parle, car la vivacité de la pensée passe avant la correction logique.

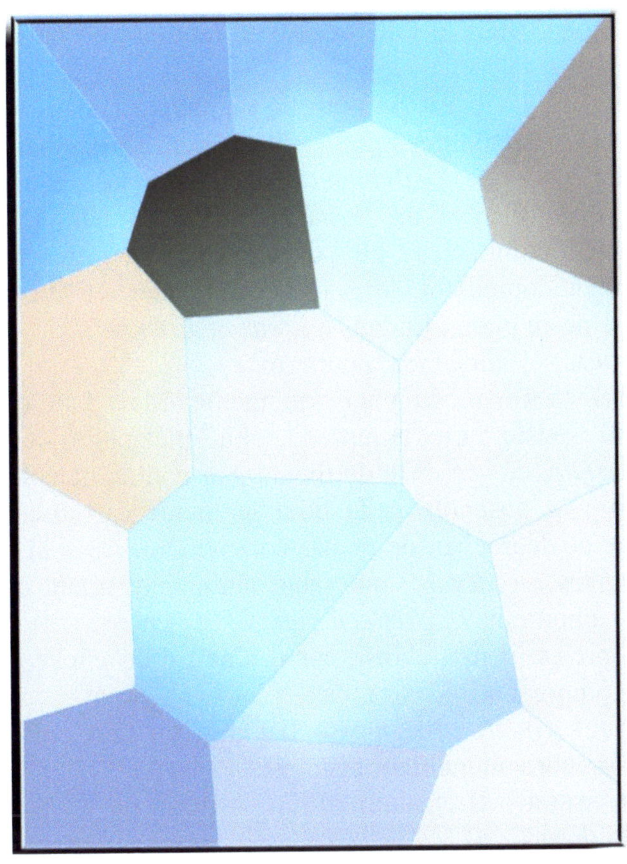

# 15. Vitrail

CANDIDE – On dirait un vitrail.

PHOTOGRAPHE – Bien vu. Le nom du filtre effectivement est : *Vitrail*.

PROFESSEUR – Ainsi vous avez transformé la folle avoine en vision mystique. À cela il me semble sert le bleu, couleur suspectée des Anciens, et devenue la couleur de référence en Occident, disons après Chartres. Voyez là-dessus les travaux de Pastoureau sur les couleurs.

CANDIDE – Mais la folle avoine en tout cas, on ne la voit plus.

PROFESSEUR – C'est peut-être là l'équivalent, dans le langage, des métaphores *in absentia.* Je pense à Rimbaud par exemple, à ses *Illuminations.* Dans la métaphore d'habitude, il y a un *thème*, ce dont on part, qui est l'élément comparé. Et puis un *phore*, ce vers quoi on va, l'élément comparant. Ainsi dans *l'amour est un feu*, on va du thème au phore. Et dans *les feux de l'amour…*

CANDIDE – J'aime bien, pour moi.

PROFESSEUR – … du phore au thème. Mais tant que le thème existe, on comprend. La métaphore est *in praesentia*, en présence du thème. Par contre, dans la métaphore *in absentia*, celle dont le thème est absent, on risque de décrocher, de ne pas comprendre. Ainsi si je dis qu'*un feu me dévore*, qui saura automatiquement que je suis amoureux ? (*Réfléchissant*) Et encore ici mon exemple est-il mal choisi, car il s'agit d'un cliché, peut-être compréhensible par tous.

LECTEUR (*pour lui-même*) – Il aurait pu faire un effort pour prendre un meilleur exemple.

PROFESSEUR – Bref, aujourd'hui souvent, on assiste à la fin du *thème…*

PHOTOGRAPHE (*facétieux*) – Crise en thème…

LECTEUR – Nul !

PROFESSEUR – … et seul le *phore* existe. On est alors face à un idiolecte, à un langage second. Le danger est évident : l'incommunicabilité. N'est-ce pas, poète ?

POÈTE – *J'ai seul la clef de cette parade sauvage…*

PROFESSEUR – Mais comme vous aussi citez Rimbaud, sans doute nous conviendrons qu'il y a certains échecs qui sont préférables à certaines réussites.

POÈTE – Je ne vous le fais pas dire.

LECTEUR – Encore !

ARTISTE – Mais à moi cette image paraît assez fascinante, je veux dire en elle-même.

PROFESSEUR (au Photographe) – Ne pourriez-vous pas tout de même faire un petit effort de communicabilité, monter d'où vous êtes parti, pas seulement où vous êtes arrivé ? Créer une sorte de métaphore *in praesentia*, où le phore (le vitrail) contiendrait encore le thème (la folle avoine) ? N'oubliez pas ce que dit Valéry : « L'artiste doit faire non ce qu'il voit, mais ce qui sera vu »…

PHOTOGRAPHE – Si vous voulez… Voyez la nouvelle image, à la fin de notre entretien.

PROFESSEUR (*rêveur*) – Mais finalement je me demande si j'ai bien raison. Je pense maintenant à tous ces vitraux peints. Quel rapport ont-ils avec le monde extérieur ? Et d'abord, comment sont-ils vus de l'extérieur de l'édifice ? Dites-moi, Candide, sont-ils vraiment si attirants que cela ?

CANDIDE – Non, il m'est arrivé de les voir, ou avant ou après la visite : l'extérieur est extrêmement terne.

PROFESSEUR – Et l'intérieur féerique, n'est-ce pas ?

CANDIDE – Oh oui !

PROFESSEUR – Et si la version du vitrail seul, abstrait et oublieux du monde, était l'intérieur de l'image extérieure, de l'image de départ, qu'elle frapperait en quelque sorte, par sa splendeur, d'inanité ? Ce serait une vision *du dedans*. (*Un temps*) Analogue à ce Royaume dont Luc nous dit, en 17/21, qu'il est *à l'intérieur de nous* – malgré toutes les traductions fausses qu'on fait de ce passage, en des contresens plus ou moins bien intentionnés… L'image offerte au regard aurait donc deux faces ou deux côtés : l'extérieur, souvent décevant, et l'intérieur, toujours transportant et sidérant… En somme, la merveille est à l'intérieur.

TOUS LES AUTRES – Que d'imaginations !

Professeur – Quand la raison est impuissante à vous démontrer quelque chose, il faut bien faire venir l'imagination à votre secours.

Lecteur – Il a fait son petit Socrate, avec son mythe.

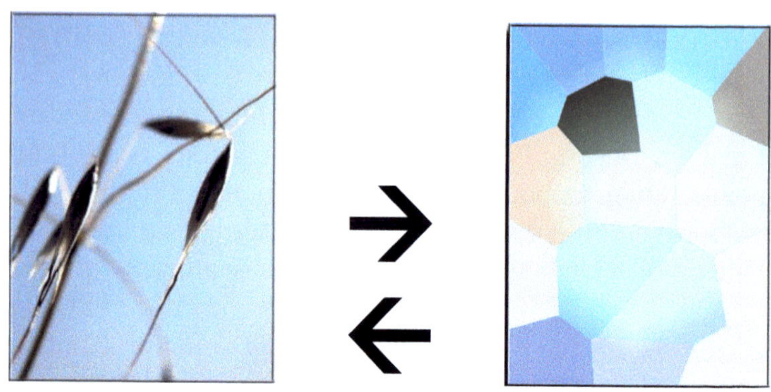

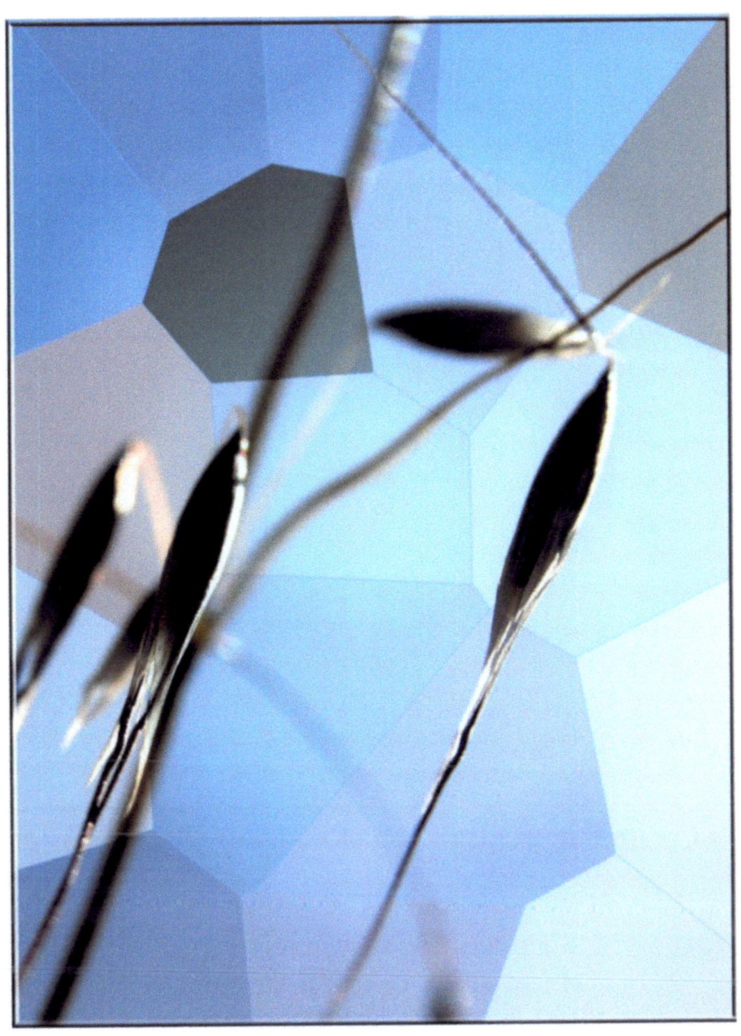

.../...

**Où l'on apprend…**

… qu'on peut hésiter, dans une métaphore, entre le rappel explicite de l'élément de départ, qui favorise la communication, et sa suppression, qui la met en péril. Cette dernière pourrait favoriser davantage l'émerveillement, comme dans le cas d'un vitrail vu de l'intérieur de l'édifice, sa même vision de l'extérieur étant bien plus plate et terne à côté.

**Et ce qu'il ne faudrait jamais oublier :**

LA VOIE VRAIMENT VOIE
N'EST PAS UNE VOIE CONSTANTE.
LES TERMES VRAIMENT TERMES
NE SONT PAS DES TERMES CONSTANTS.

(LAO-TSEU)

# Du même auteur,
# chez le même éditeur,
# www.bod.fr

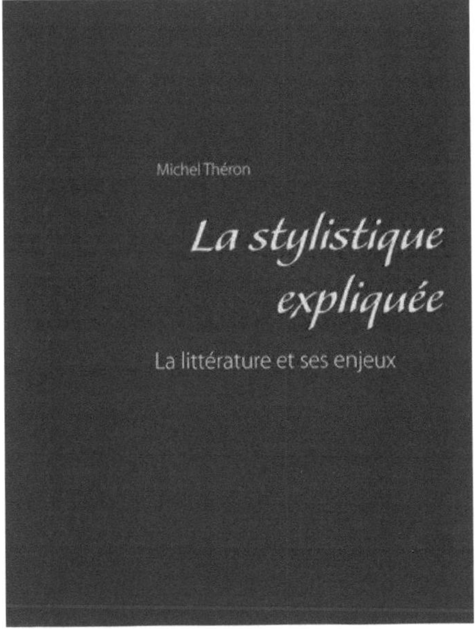

**La Stylistique expliquée – La Littérature et ses enjeux**

Les multiples figures et procédés de style qu'on peut rencontrer dans l'étude d'un texte sont exposés dans cet ouvrage, dans une perspective interdisciplinaire. Des rapprochements sont faits avec les arts du visible (photographie, peinture), dont les procédés présentent des analogies avec ceux du texte. Les enjeux culturels impliqués par le style sont constamment et systématiquement évoqués.

D'abord manuel d'étude stylistique, destiné aux professeurs et étudiants littéraires, ce livre n'est pas un ouvrage de linguistique mais un livre d'esthétique générale et comparée, qui à ce titre pourra intéresser tous les curieux du monde de l'expression.

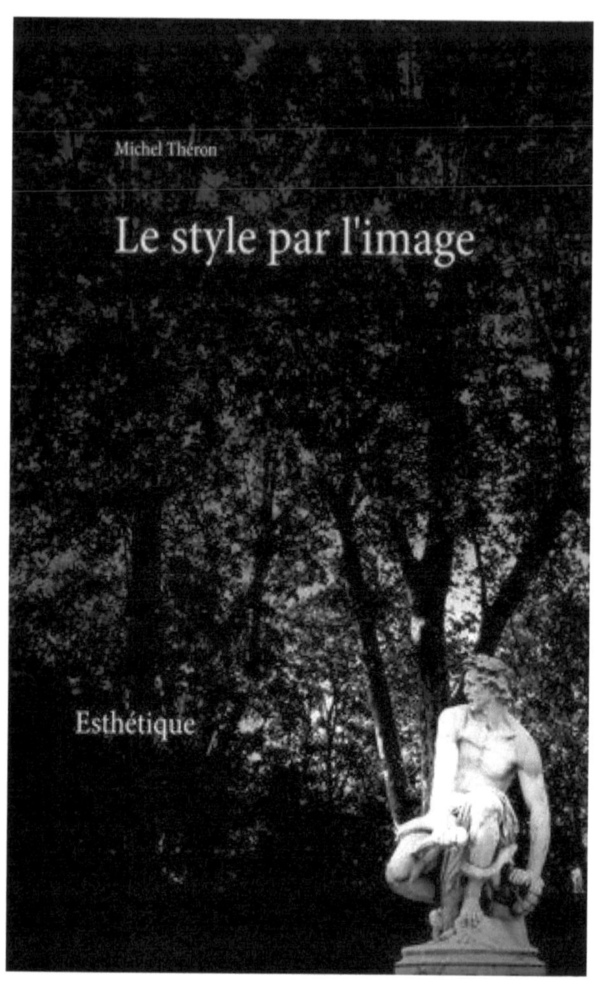


*Le Style par l'image*

Ce livre illustre, de façon systématique et ordonnée, l'ensemble des procédés et figures de style, au moyen de photographies prises par l'auteur dans un même lieu (un jardin public), qui donnent à la démarche une unité.

Proposant une approche concrète et nouvelle, ce livre s'adresse non seulement à ceux qui s'intéressent au langage verbal, mais aussi à tous ceux qui s'intéressent à l'expression photographique et artistique, ainsi qu'à la comparaison des deux langages.

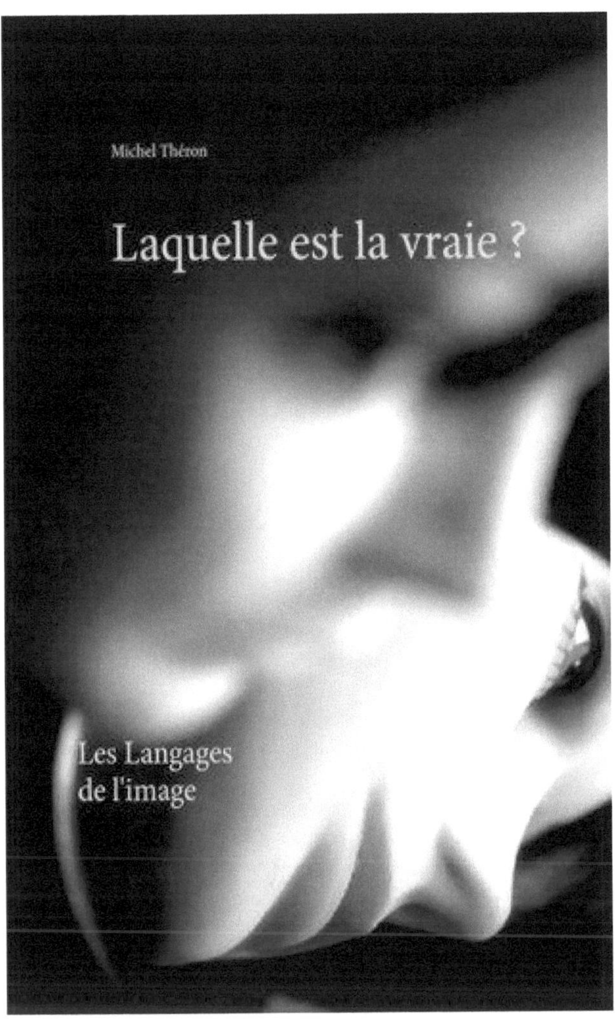


*Laquelle est la vraie ? – Les Langages de l'image*

À partir de différentes images d'un même visage féminin, l'auteur nous donne à la fois un recueil de méditations et de rêveries, une enquête sur le fonctionnement du langage, un manuel de photographie, un traité d'esthétique, et un petit roman policier de l'identité.
Les Notes finales initient à l'intertextualité du discours, et les Clés répondent aux questions de stylistique, d'esthétique et d'anthropologie culturelle qu'on pourra ici se poser.

93

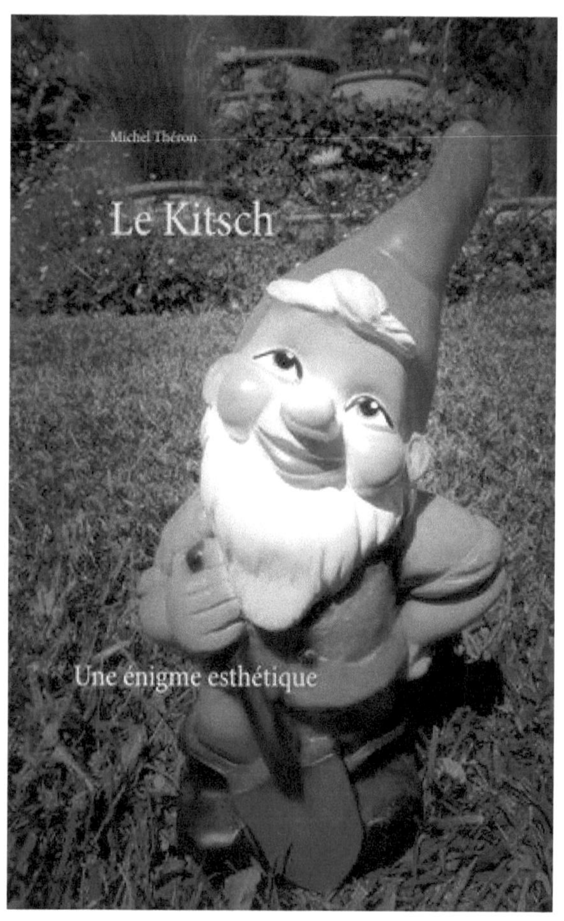


### *Le Kitsch – Une énigme esthétique*

Le Kitsch est un problème d'esthétique fondamental couvrant plusieurs domaines : arts visuels et architecture, mais aussi musique, littérature, arts du design, habillement, etc. C'est un formalisme, sans contenu profond, que l'on dénigre ordinairement.

Pourtant la question est plus complexe. On peut en effet le réutiliser en le prenant avec humour, et aussi parfois le réhabiliter quand on se trouve dans une situation émotionnelle particulière.

C'est à quoi ce livre invite, en évitant tout parti-pris à son sujet.

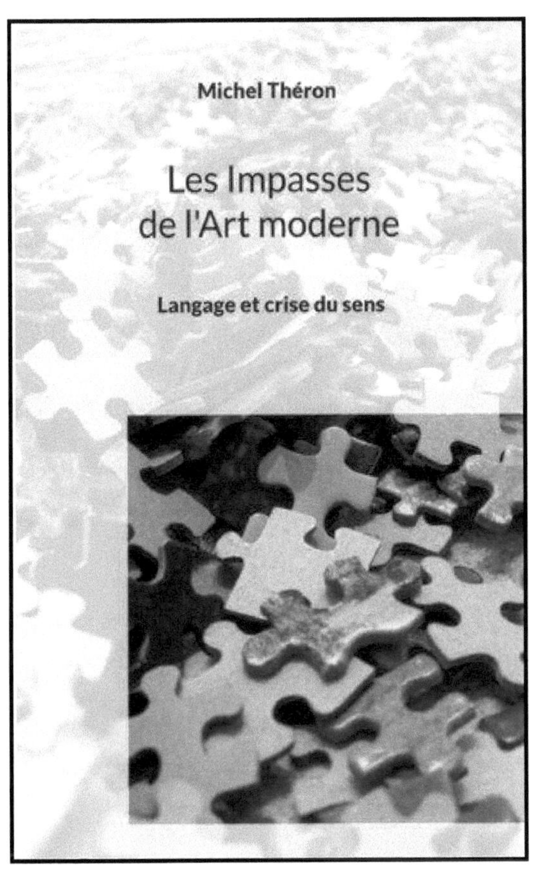


***Les impasses de l'Art moderne – Langage et crise du sens***

Le monde de la création artistique et littéraire n'a plus été le même à partir de la seconde moitié du XIXe siècle. Les peintres impressionnistes d'une part, Rimbaud et Mallarmé de l'autre, ont tracé de nouvelles voies.
Ce livre les explore, en soulignant leurs évidentes réussites, mais aussi en montrant comment leur aboutissement peut être problématique : la communication de l'œuvre n'y est pas toujours assurée.
Le langage des images et celui des mots sont constamment confrontés dans l'ouvrage : on y verra qu'il y a, par-delà les différences, une unité fondamentale de l'expression.